現役東大生 1・2年生 に聞きました

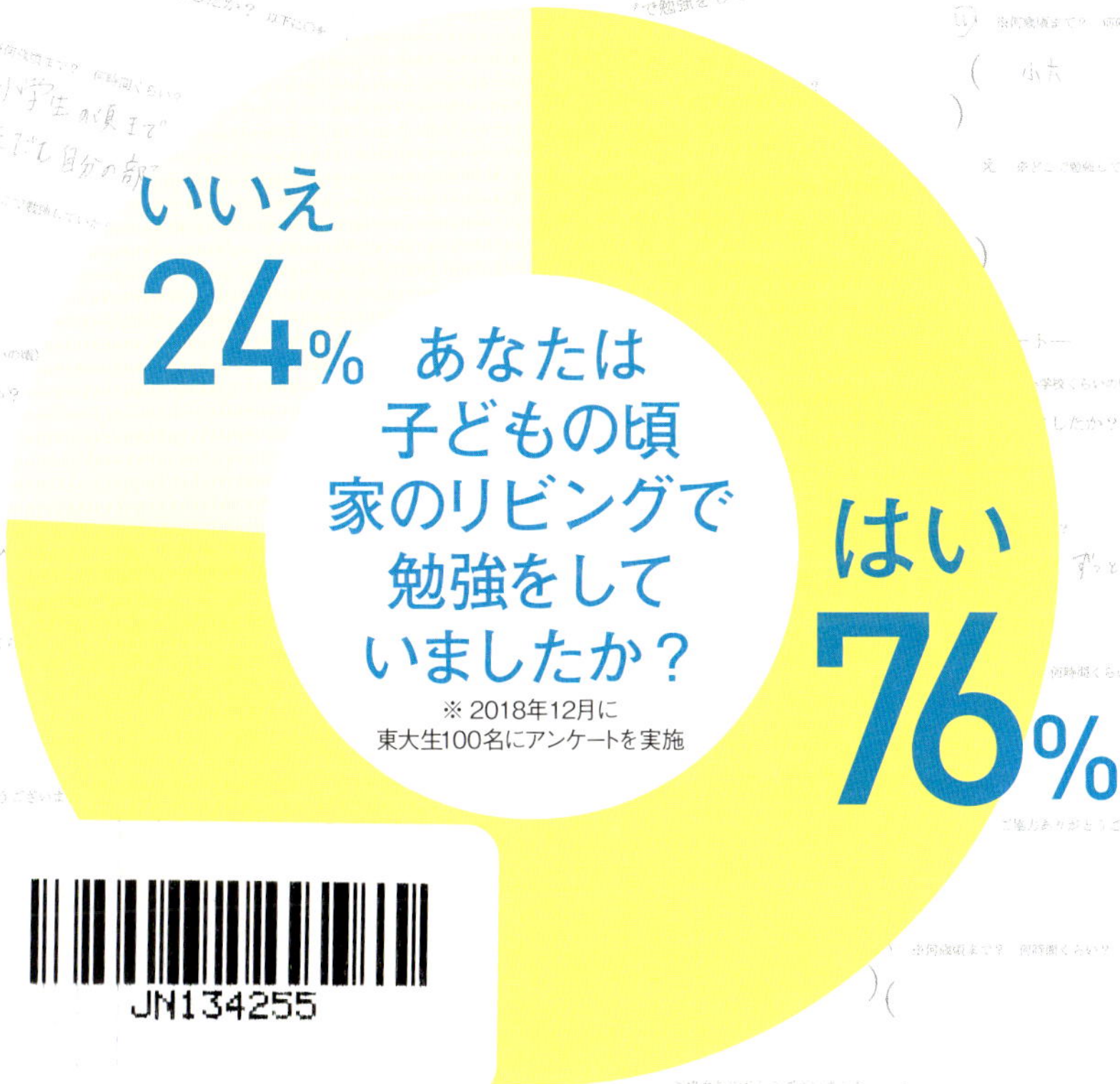

JN134255

子どもの頭が良くなる
お片づけ

理想のリビングの作り方

（一社）日本収納検定協会 代表理事
小島弘章

KKベストセラーズ

はじめに

きっと本書を手に取っている方は、小さな子どもがいるご家庭や小学校・中学校受験を考えているお母さんお父さんも多いことでしょう。

子どもが立派に成長してくれることを願っている親にとって、学習環境を整えてあげることは一番の関心事のはずです。

ところが、巷の教育書を読んでみると「リビング学習のほうが成績が伸びる」という説と、「子ども部屋を作ったほうがいい」という説が真っ向から対立しています。

リビング学習と子ども部屋での学習、本当はどちらが子どもにとって良いのか？

私自身も親になって初めて悩んだところでした。

もちろん、子どもの個性や住環境によってもベストの方法は違うでしょう。しかし、結果的に私はリビング学習を選択することにしました。

なぜなら都内の賃貸住宅に住んでいるため、子ども部屋を用意しようとすると窮屈に暮らさざるを得なくなりますし、なによりもっと子どもと一緒の時間を大切にしたかったからです。

本書の目的は今まで私が片づけのプロとして活動してきた中で培った技術を応用し、最適なリビング学習環境を作ることで、子どもの成績向上を目指すことです。

東大生はリビング学習をしているって本当？

この本を書くにあたって東大生100人に勉強場所に関するアンケートを実施してみました。そうすると私自身も驚くような結果が出たんです。

なんと、東大生100人中、76人が子ども部屋で宿題や勉強をするのではなく、リビングでおこなっていたんです。

繰り返しになりますが、正直な話をすると教育関係者のなかでもリビング学習は賛否両論です。

賛成派の意見をまとめると、以下になります。
(1) リビングにはテレビや夕食を支度する音など、様々な生活音がある。そのなかで集中して学ぶことができるようになることで、受験会場でも他の受験生の咳払いや鉛筆で書く音といった様々な生活音に惑わされずに実力を発揮できる子どもに育つ。

(2) 親の目の届く場所で勉強をする習慣をつけることで、子ども部屋の机に向かったものの、つい漫画を読みふけるといった時間の無駄を減らすことができ、わからないところがあれば、すぐに質問することもできる。また、子どもの勉強の進み具合や苦手な教科を親が知ることができ、適切なサポートができる。

反対に否定派の意見としては、以下のようなことが挙げられています。

(1) 生活音の多い環境では集中できず、勉強がはかどらない。

(2) リビングやダイニングのテーブルは子どもが勉強するために作られておらず、長時間座るのに不向き。また床から足が浮くため子どもが勉強に集中できない。

(3) リビングは照明が暗いことが多く、子どもの視力の悪化につながる。

(4) 勉強道具を置いている部屋から離れるため、忘れ物が増える。

(5) 家族が集まる場所であるリビングが散らかることで、親にストレスが溜まり、結果的に子どもに悪影響を及ぼす。

私は片づけのプロですが、教育のプロではないので、賛成派と否定派の意見が別れた学習における生活音の影響については、どちらの意見が正しいかは判断を一旦保留させていただきます。

ただし、それ以外の否定派の意見の多くは片づけによって解決できるのではないかと感じています。

本書では否定派が主張する⑵から⑸までのリビング学習のデメリットを、片づけの技術によって軽減し、より子どもが集中してリビング学習をおこなえる環境づくりの方法をお伝えしたいと思います。

子どもが勉強に集中できて、親も過ごしやすいリビング作り

子どもは思っている以上に、親の気持ちを敏感に感じ取るものです。その意味では(5)の「リビングが散らかっていると子どもに悪影響」という主張も理解できます。特におしゃれな住環境に住んでいるご家庭ほど、リビング学習にデメリットを感じることが多いのかもしれません。

なぜなら、リビング学習を実践しようとすると、せっかく作り上げたこだわりのリビングのなかに、自分のセンスとはかけ離れたモノがたくさん置かれるようになり、生活感が出てしまうからです。

しかし、居心地のいいリビング作りと子どもが学習に集中できるリビングは本当に両立できないものでしょうか?

もちろん、答えはNOです。むしろ、リビング学習を導入した結果として部屋が散らかってしまったご家庭こそ、本書が役に立つはずです。

本書に掲載されている実例やノウハウを活用すれば、子どもの学びを後押ししつつ、

おしゃれで過ごしやすいリビングを実現することができるはずです。

お試し感覚からリビング学習をはじめてみる

私はこれから赤ちゃんが産まれるご家庭に対して片づけを指南するとき、よく「ベビーベッドやベビーカーなどの大きな用品は、できれば知人に譲ってもらったり、レンタルして試してから購入を検討しましょう」と伝えています。

赤ちゃんによってはベビーベッドで寝てくれなかったり、ベビーカーよりも抱っこ紐のほうが落ち着いてくれることがしばしばあるからです。

子ども部屋も同様で、「せっかく子ども部屋を作ったのに、全然使ってくれない」といった悩みをお母さんお父さんから聞くこともあります。

ただでさえ活発な子どものいる時期に、模様替えや引っ越しをしたりして子ども部屋を用意するのは大変なことです。

その親の苦労が水の泡とならないように、まずはリビング学習で様子を見つつ、子どもの個性や成長に合わせて子ども部屋の導入を検討してみてはいかがでしょうか?

リビング学習と片づけを通じて子どもの自立心を養う

私たちが小学校に入ったときのことを思い出してみてください。一番最初に学校で**教わることは、登校したらランドセルをきちんと自分のロッカーにしまうこと**や、机の中の教科書を整理整頓することだったでしょう?

　もっとよく思い出してみれば、きっとクラスのなかでも**勉強ができる子どもの机の中は綺麗に整理整頓されていた**はずです。なかには年代物のカビパンが机の奥に入っている秀才もいたかもしれませんけど（笑）、勉強のできる子どもはおおむね片づけが得意だったはずです。

　なぜなら**片づけには、勉学に大事なことがたくさん詰まっている**からです。片づけから子どもが学ぶべきことはたくさんあります。使っているモノと使っていないモノを区別する整理判断力、決められたことを毎日きちんと続ける習慣能力など。片づけを通じて育むことができるこれらの力は、子どもの一生に渡ってプラスの影響を与える宝物になると思っています。

形はないけれど、必ず人生をいい方向に変えてくれるプレゼント。それが片づけの力です。プレゼントと言っても、お金はかかりません。ほんの少し、親が工夫してあげればいいだけです。愛する子どもに一生の宝物をプレゼントしてあげようではありませんか。

子どもの頭が良くなる お片づけ［目次］

［第1章］理想のリビング学習とは？――17

［第6章］

収育を行っているお宅におじゃましました！

第1章

理想の
リビング学習
とは？

そもそも子ども部屋って本当に必要ですか？

片づけのプロとしてお母さんお父さんの悩みを聞く機会も多いのですが、「小学校入学に合わせて、せっかく子ども部屋を用意して学習机も買ったのに、全然使ってくれない」という悩みをよく聞きます。

「学校から帰ったらランドセルは部屋に置きなさい」と何度口を酸っぱくして注意しても、ソファに放り投げたままゲームに夢中。よくある話です。

そもそも**片づけって大人でも面倒臭いと感じる人が多いのだから、子どもにとってはなおさら**。まして学校から帰ってきて、遊びたくてウズウズしているんですから、**子ども部屋に行くのすら億劫**なんですね。

リビングのテーブルで宿題をやって、そのままプリントや筆記用具を出しっ放し。

これもよくある話ですね。

我が家もそうなんですが、**親が決めた場所よりも自分のやりたい場所でする方が**

集中できるようで、逆に「学習机があるんだから、そっちでやったら？」なんて言った日には、ヘソを曲げてしまうことも。

わざわざ自分たちの居住スペースを削って子ども部屋を用意した親としては、思わず「なんなの!?」と言いたくなるような状況ですが、子どもからしたら言葉にはできないけれど、子どもなりに理由があるようです。

子ども部屋の学習机で宿題をするよりも、自分のお気に入りの場所やリラックスできる場所で勉強したい子どももいるのです。

リビング学習は専門家の間でも一長一短あると言われていますが、子ども部屋で学習しないタイプの子どもは、リビング学習向きのはず。

もし小学校入学のタイミングで子ども部屋を用意しようと考えているならば、まずはリビング学習で様子を見て、子どもが大きくなって個室を欲しがるタイミングを待ってもいいのではないでしょうか。

子どもが学習机に向かっていても、勉強しているとは限らない

皆さんの子ども時代を思い出してみれば、机に向かって宿題をしているフリをしながら漫画を読んだり、ゲームをやったりしたことがきっとあるはずです。

子ども部屋の学習机に向かっているからと言って、子どもが勉強しているとは限りません。むしろ、引き出しの中に筆記用具と一緒くたに玩具が入っていたり、教科書の横に漫画が並んでいたりすると、**勉強するつもりで机に向かったのに、気づけば遊んでた、**なんてことも。

コレ、「勉強も遊びも子どもに関するモノは全て子ども部屋にしまう」という親の思い込みのせいだったりするんです。

片づけの基本は「出す→分ける→しまう」の順番ですが、この場合は「分ける」が曖昧になっています。

最適な学習スペースを作るには「学ぶ」と「遊ぶ」を分けることが必要です。子どもは勉強よりも遊びに目が行きがちですから、勉強する場所に遊びの要素がないほうが気が散ることなく勉強に集中できるんです。

リビング学習で家のスペースの有効活用を

一般的な家庭では延床面積のうち20％を収納スペースに使って、残りの80％で暮らしていると言われています。8畳の和室に2畳の押入れがつくイメージですね。子ども部屋があるのにリビングに子どものモノが散乱している状況は、いわば子ども部屋の収納が活用されないままリビングにモノが溢れかえっている状態。言い換えると片づけの手法を利用することで、充分に改善できるはずなんです。

適切なリビング学習の環境を整えてあげることで、子どもがプライバシーを欲しがるまで子ども部屋を用意しなくても済むうえに、リビングに子どものモノが散らからずに生活環境も改善する。さらに学習もはかどる、と一石三鳥なんです。

リビング学習の前に、片づけの基本をおさらいすべし

子どもが片づけ嫌いになる原因は、親がしつけの一環だと思って叱ってしまうからです。

私が講演会などで「片づけなさいと叱ったことがあるお母さんお父さんは手を挙げてください」というと、ほぼ100％の方が手を挙げます。

そして私が「今日から子どもに片づけなさいと言わないでください」と伝えると、全員がキョトンとされます。

片づけには使ってるモノ・使ってないモノを分ける「整理」と、使っているモノだけを使いやすくしまう「収納」、使ったモノが乱れたらきれいに整える「整頓」という3つの工程があって、それらを総称して「片づけ」と言っています。

だから**親が元にもどす収納場所を作ってあげないまま子どもに「片づけなさい」と言っても、子どもはどうすれば良いかわからない**んですね。

子どもは「片づけなさい」と言われたときの正解がわからないと、怒られたくないから「片づける」のではなく「隠す」んです。

「隠す」と次に必要なときにどこにあるかわからなくなって、そのモノを探す。探すから散らかしてしまうし、親もまたそれでイライラしてしまう。

まずは、「片づけなさい」と叱る前に、大人は子どもが片づけられる仕組みづくりをしてあげることが大切です。

ちゃんと片づけに関して正解がわかる状況を作ってあげれば、子どもも理解してできるようになるはずです。

片づけには3大お得があって、時間のお得、お金のお得、心のお得とメリットしかありません。子どものモチベーションを下げないように、ポジティブに片づけが学べる仕組みを作ってあげてください。

リビング学習のステップ1はランドセル置き場から

まず、子ども部屋にランドセルを戻してくれないとお悩みのご家庭は、リビングにランドセル置き場を作ってはいかがでしょうか。

学校から帰って、子ども部屋まで行ってランドセルを置いて、ふたたびリビングまで戻ってきて遊ぶ、というのは子どもにとってはハードルが高くて面倒臭いんです。

「教室に登校したらランドセルをロッカーに置く」と決まっているからこそ、小学校低学年の子どもたちもできるんです。

ポイントは「かける」「入れる」ではなく、置く。フックにかける、カゴに入れるのはハードルが高く、結局床に置いてしまうことに。

その理由の1つとして、ランドセルの中身が重いということがあります。平均の重さは約7kgというデータもあり、その影響で肩こりと腰痛をうったえる小学生も増えているほどです。

きっと皆さんの子どもも学校に登校したらきちんとロッカーにランドセルを置く習慣を身につけているはずですから、**帰宅したら簡単にランドセルを置ける場所をリビングに作ってあげれば、きっとやってくれる**はずです。

忘れ物が多い子どもの親は片づけが苦手かも？

ランドセル置き場をリビングに作ったら、次の段階はその周囲にハンカチやティッシュ、給食セットや体操服など、学校にまつわる用品を収納できる仕組みづくり。

ついでに時間割りも近くに貼って、子どもがその場で学校の準備をできるようにしてあげましょう。

「ウチの子はまだ低学年だから、自分で準備するのはムリ」という声が聞こえてきそうですが、そう考えるのは大きな間違いです。

ハンカチは脱衣所で、体操服は子ども部屋のクローゼットで、宿題はリビングのテーブル……、といった具合にモノの置場があちこちに散らばっていると、確かに小さな子どもでは無理かもしれません。

ですが、**片づけの鉄則は「どこに何があるか家族全員がわかってること」や「用途や目的が一緒のモノは同じ場所にしまい、動線を短くすること」**です。

子どもがいつまで経っても自分で学校の準備ができなかったり、何度注意しても忘れ物が多いのは、必要なモノがどこに置いてあるかわからなかったり、面倒な場所にあったりするからです。

学校に必要なモノをランドセル置き場の周囲にわかりやすく置くことで、子ども部屋や脱衣所をウロウロしなくても自分で学校の準備をできるようになります。

「できないことを代わりにやる」よりも「できる環境を整えてあげる」ほうが、子どもの可能性を伸ばせると思いませんか？

「学ぶ」と「遊ぶ」を分けて、宿題ファーストの習慣づくりに

リビングに学習用品を置くと、「学ぶ」と「遊ぶ」を分けられるメリットもあります。

子ども部屋には「遊び」に関する玩具や本を置いて、リビングには学習に関するモノを置く。そうすることで、子どもが家に帰ったときに真っ先に目につくのは勉強に関するスペースになる。そうすると自然とランドセルも置くようになるし、ひょっとしたら親にとって悲願である「宿題が終わってから遊ぶ」という習慣づけができるかもしれません。

学習机をリビングに置けば、理想のリビング学習ができる？

リビング学習のデメリットとして「リビングでは照明が暗いので子どもの視力に悪影響」や「ダイニングやリビングでは子どもの足が浮くので集中できない」といったことがよく語られます。

では子ども部屋の学習机をリビングに置けば理想のリビング学習スペースになるか、というと、なかなかそうはいきません。

確かに学習机は子どもの勉強に特化して製品づくりをしているだけあって、子どもが集中して勉強できるように作られています。

ですが、一般的な学習机は天板が幅100㎝ほどで奥行60～65㎝、さらに教科書を置けるように棚がついていたり、照明がついていたりするもの。

本来は子ども部屋に置くべき大型家具のため、よほど大きなリビングじゃない限り圧迫感が出てしまいます。

単純に教科書を開いて勉強するだけであれば、奥行きは45㎝もあれば十分です。

また、単に学習机を与えておけば、子どもがそこをフル活用するか、というと全く別の話。子どもが使いたくなるような仕掛けが必要です。

本書のP36～では、実際に私が個人宅にお邪魔してリビング学習スペースを作った事例やリビング学習キットの導入事例、実際にリビング学習を実践しているご家庭も紹介しています。

それらの創意工夫を参考に、子どもの特性を見極めながら、ひとりひとりにマッチしたリビング学習環境を作ってください。

ワゴンひとつからでもリビング学習は始められる

リビング学習をつくるために理想的なのはインテリアの雰囲気を壊すことなく、学習に関するモノがすっきりと収まって、子どもが集中して学習できるスペースであること。さらに**子どもが成長して使わなくなった後は、親が趣味や仕事をするスペースとして使えれば文句なし**。

とはいえ、DIYで学習スペースを作るのはハードルも高いし、専用のキットを部屋に造りつけるのも予算的に厳しい、というご家庭も多いと思います。

もちろん学習専用のスペースがあればベストですが、リビングやダイニングのテーブルを利用するなど、**間取りと予算の許す範囲で取り入れていけばOK**。

実は我が家も専用の勉強スペースではなくダイニングテーブルで学習をしています。その代わり、教科書やプリント類など、勉強に関するものはワゴンにまとめてあり、子どもがそれを引っ張っていけば、すぐにダイニングで勉強できるようにしています。

また「収育」（P91～参照）の観点から重要なのが、**子どもが自分の責任のもとで管理できる場所を作ってあげること**。最初は引き出しひとつや棚ひとつからはじめるとベターです。ワゴンひとつから「どうやったら使いやすいかな」「このワゴンは自分で管理しようね」と親が一緒に考えてあげることで、**学習以外の面でも子どもの可能性を伸ばすことができるでしょう。**

リビング学習は新しい時代の生活様式

もうひとつ、リビング学習のデメリットとして挙げられるのが、リビングにモノが溢れる危険性でしょう。

リビングのインテリアにこだわっている家庭も多いなかで、学習机がドカンと置いてあるとインテリアも台無し、生活臭があふれてしまいます。

リビングはお客様を迎える場所であり、家族の憩いのスペース。できるだけ余計なモノを置かずにくつろげる空間にするのが理想です。

しかし、日本の一般的な住宅ではリビングに十分な収納スペースが設けられていないことが多く、そのために学習用品の収納という大きな壁にぶつかるのです。

共働きの家庭が増え、生活スタイルは変化してるのに家の間取りに関してはずっと同じまま。最近やっとリビング収納やリビング学習といった概念ができて、その重要性に気づく時代になったように思います。

いずれもまだ出来たばかりの暮らし方なので、今後工夫をしていけばより快適に過ごすことが可能になると思っています。

しかし、既に子ども部屋を用意しているのにリビングまで子どものモノが溢れているというご家庭はもちろん、とりあえずリビング学習をさせてみたものの、どうも散らかってしまうという方こそ、リビング学習を通じて子どもに片づけの大事さを伝えるチャンスです。

もし、リビング学習によって部屋が散らかってしまったのであれば、なぜ散らかったのか考えて、子どもと一緒に解決策を考えてみてください。

本書のＰ91〜で「収育」について説明していますが、片づけを通じて養える力は、子どもにとって基礎的で重要な〝生きる力〟なんです。

物事を分類する力、自分のことは自分でするという自立心、モノや人を大切にする心も、リビング学習の環境づくりを通じて子どもに与えることができるでしょう。

第2章

子どもの頭が良くなるリビングへ変える！

改造 Before⇔After

勉強がはかどる
リビングの理想形
5か条

リビングに机を用意することで、勉強のスイッチを入れる

リビングでリラックスして勉強することが、学力向上の秘訣

子どもがいつでも分からないことを親に質問できる

リビング学習から親は子どものの得手不得手を知ることができる

家族の生活音は集中力を養うための秘訣

「間取りの関係で子ども部屋を用意できない」という理由から、リビングやダイニングを学習の場として活用しているご家庭も多いはず。もちろんリビングやダイニングでも子どもが集中できる環境を作ってあげれば、十分にリビング学習の利点を享受できるでしょう。

しかし理想を言えば、リビング学習専用のデスクを用意してあげたいところ。よくリビング学習のデメリットとして「リビングのテーブルは高さや明るさが学習に適していない」という点が挙げられますが、専用の学習机をリビングに用意すれば、そのデメリットは簡単に解消することができます。また「帰宅したら国語の宿題をして、夕食後に続きをする」といった場合にダイニングテーブルで宿題をしていると、食事のときに片づけなくてはならず、つい集中力が切れてしまうことも。学習専用の場所を作ってあげれば、その心配も無用です。

また、学習用品がリビングに散らかるというデメリットも学習専用の場所を用意してあげれば解消。親が一緒に環境を整えてあげることで、学習意欲の向上だけでなく子どもの自立心を養うことが可能です。

子どもの頭が良くなる

リビングへ変える!

改造 Before ▶ After

PART 1 DIYでお片づけ

子どもの進学を控え、そろそろ学習スペースを作るかどうか悩んでいる人も多いはず。これからリビング学習を始めようとしているお宅に実際におじゃまして、簡単なDIYで理想のリビング学習スペースを作ってみました。

稲垣正倫さん

Masanori Inagaki

オートバイ関連の雑誌・広告・カタログをはじめ、各種媒体でコンテンツ制作をおこなう編集プロダクションANIMAL HOUS inc.の代表。

BEFORE

小学校進学を控えた長男と次男は遊び盛り。せっかくインダストリアルをテーマに改装したリビングも玩具が散乱中。「玩具は黄色のボックスへしまうように叱っても聞いてくれないのが悩みだそう。

「帰ったら宿題」の習慣が身につく
リビングのドアを開けたら
最初に勉強机が見えるレイアウト

AFTER

テレビと真正対に置かれていたソファを少し移動して奥行き45cm、幅180cmの学習スペースを設置。学習スペースの反対側には玩具や絵本をしまう収納をカラーボックスで増設。カラーボックスの上には子どもの作品を飾る場所をマスキングテープで製作した。

勉強がはかどる
リビングの理想形を考える

**まだ本格的な勉強がスタートしていないこともあって、
子どもたちはリビングいっぱいを使って遊びに夢中。
まずは勉強の場所づくりが必要なようです。**

BEFORE

玩具箱代わりの黄色のボックスはとりあえず何でも放り込まれている状態。レゴのパーツもバラバラで入っているため、取り出すたびに散らかってしまう。

リビングテーブルは、子どものお絵描きスペースとして占拠されている状態。当初はこの場所か、ダイニングで学習させる予定だったそう。

リビングテーブルは、キッズチェアを使うとちょうど良い高さのようで、当初はここで勉強をさせる予定だった。

唯一の収納がテレビ下のサイドボード。子どもの図鑑や絵本のほか、稲垣さんの写真集などもごちゃ混ぜの状態で置かれている。

片づけの正解がないと際限なくモノが溢れる

6歳と3歳のお子さんがいる稲垣家は、長男の大道君の小学校入学を控え、そろそろ学習スペースを用意する時期。都内の一軒家でスペースに限りがあり、リビング学習することにしたそう。

しかしリビングが遊びの空間になっていることもあって、玩具が散乱している状態でした。

「子どもが遊んだら30分で部屋中に散乱してしまいます」と、稲垣さんも頭を抱えているようです。玩具箱は用意しているものの、片づけは結局は親の役目になってしまっているのも悩みのタネだそう。今回は整頓されたリビングを目指し、学習の場を親子で一緒に作ります。

LET'S DIY!

遊びスペースを作る

ホームセンターや100円ショップを活用すれば
リーズナブルにリビング学習が実現可能。
今回は約3万円で遊び場と学習スペースが完成しました。

START

1

「使っている」「使っていない」を仕分け

玩具箱のモノをすべて出し、子どもと一緒に使っているモノと使っていないモノに仕分けする。半数以上が「使っていない」という判断に。

▼

2

側板を組んで全体の骨格を作る

カラーボックス作りは、説明書に従ってネジ留めを。まずは側板に上下の板をネジ留めしていきます。板は表裏があるので注意。

3

側板にネジ留めで棚板を取りつける

簡単に組み立て可能ですが、組み立てるボックスの数にともなってネジ留めする箇所も多いため、電動ドライバーがあると便利。

▼

4

背板の取りつけも表裏に注意

背板は薄めのベニアで作られており、溝に沿って差し込みます。ここはドライバーが不要なため、お子様と一緒にするのもアリ。

※メーカーによって材料・組み立て方は異なります。

5

溝切りに合わせて側板をはめ込む

背板をセットし終わったら、側板を取り付けます。背板を差し込むための溝に合わせてしっかりとはめることで強度も確保できます。

▼

6

最後のネジ留めでボックスが完成！

最後にドライバーで側板と棚板部分のネジ留めをおこなえばカラーボックスの完成。残りの4つのボックスも同様に製作していきます。

遊びスペースを作る

▼

7

引き出しにステッカーでアクセントをプラス

引き出しのサイズに合わせてウォールステッカーをカットして貼っていきます。サイズを確認しながら次々に貼っていくと絵が完成。

▼

8

ステッカー貼りの工夫でパズル感覚でお片づけ

ステッカーを貼ればインテリアのアクセントとしてだけでなく、子どもがどの棚に引き出しをしまえばいいかわかりやすくなる効果も。

9

部屋に動きが生まれる階段状のレイアウト

玩具を収納するカラーボックス棚が完成。階段状にすることでアクセントをつけつつ、リビング内の圧迫感も軽減させています。

▼

10

マスキングテープで子どものための額縁に

際限なく増えがちな子どもの作品の展示スペースを区切るために、マスキングテープで簡易的な額縁を製作しました。

11

使うときのことを考えて玩具のしまい方を決める

仕分けした玩具をそれぞれのボックスに収納。レゴなど細かいパーツの多い玩具は他と混ざらないように小さなボックスを用意。

▼

12

年齢に合わせた棚の使い分けもポイント

背の高いお兄ちゃんの玩具は上の段に、次男の玩具や大きくて重たい玩具は下の段にしまって、子どもが片づけしやすいように配慮。

13

互い違いの階段状で見栄えよく飾る

収納棚と額縁スペースをともに階段状にすることでアクセントに。棚の上にモノを置いた時も作品が隠れないように配慮しています。

14

出さなくていい玩具はその場で遊べるように

実際にモノを置くとこのような感じ。大きな玩具は下に、お兄ちゃんの鍵盤楽器を最上段において立ったまま遊べるように。

ポップな柄も
モノトーンで
シックに

出しやすく
しまいやすい
遊び場の完成!!

15

目立つテレビの下は大人向けの本を

子どもの絵本は玩具の収納棚にまとめて、テレビの下の収納は親の書類や書籍などを収納。植物を置くスペースもできました。

LET'S DIY!

学習しやすい環境をつくる

ホームセンターであらかじめサイズごとに材料を切ってもらえば、
DIYといっても特別な道具や技術は必要なし。
子どもと一緒に楽しみながら理想の学習環境をつくりましょう！

START

1

プレカットの材料で楽チンに日常大工

天板用の木材と足置き用の2×4の木材、オイルステインとニスなどを用意。汚れないようにブルーシートなどを敷いておきましょう。

▼

2

木材の角を落として手触りよく安全に

子どもの安全を考え、天板用の木材の四隅にサンドペーパーを掛ける。角をとるときは120～150番、仕上げは180～240番がおすすめ。

3

ステインを塗れば古材風に仕上がる

オイルステインを刷毛で塗っていきます。気にせずたっぷりと全体に塗ってOK。子どもと一緒に作業することで愛着も沸くはず。

▼

4

愛着度が増す塗装のひと工夫

ステインを塗った後は雑巾で拭うと木目が現れて表情豊かに。そのままでもOKですが、今回はステインが乾いた後でニス塗りを。

5

ガタつきを防いで子どもの集中力UP

学習机の脚部と収納を兼ねたカラーボックスの天板に強力両面テープを貼ります。天板はガタつかないほうが勉強に集中できます。

▼

6

カラーボックスを収納兼学習机に活用

カラーボックスの上に天板をセットすれば、あっという間に学習スペースの完成。高さ約70cmなので、大人でも活用できます。

7

ランドセル置き場は低い場所に

浅型の収納ボックスにキャスターをつけて、ランドセルの収納用引き出しに。重さのあるランドセルも簡単に出し入れが可能です。

▼

8

両面テープ＋養生テープなら賃貸物件でも安心

コルクボードの設置スペースを作る。壁に養生テープを貼り、その上に両面テープでコルクボードを貼れば、壁を傷つけず安心。

9

学校関連の情報はコルクボードに集約

机の左横には学校のプリントや時間割りを貼るためのコルクボードを設置。時間割りを眺めながら明日の準備ができる位置に。

▼

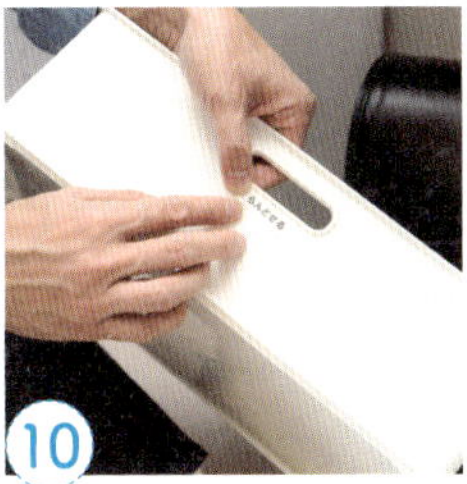

10

ラベリングで片づけのサポート

引き出しには「らんどせる」や「きょうかしょ」など、ラベリングをすればどこに何をしまえば良いか一目瞭然です。

11

複数のラベリングもお手のもの

P-TOUCH CUBE（P.76参照）というラベルライターはスマートフォンの専用アプリから入力した文字をテープに出力できる優れモノ。

▼

12

思わず片づけたくなるシンデレラフィット

ランドセルと棚の大きさもピッタリ。キャスターを取りつけたことで取り出しやすい。上の段には教科書やノートが入ります。

インダストリアルなリビングにもマッチした学びのスペースが完成

13 閉塞感のない窓辺でリラックスして学ぶ

左側に手元用のデスクランプを設置。明るい窓辺のため光量も充分です。ソファやキッチンから学習を見守れます。

14 子どもの集中力を高める成長に合わせたひと工夫

長男・大道君がもう少し大きくなるまでは足置きを活用。成長に合わせて高さを変えれば、集中した学習環境を作ることが可能です。

兄弟それぞれのニーズに合わせたリビング学習

15

キャスターつきなら明日の準備も楽チン

ランドセル置き場の上に教科書やノート、その上に時間割り表を置くことで、明日の学校の準備もしやすくなり、忘れ物の防止に。

16

お絵かき専用ボックスで散らかし癖とさようなら

次男の小太郎くんにはキャスターつきの収納ボックスを用意。お絵描きをしたい時はテーブルまで引き出せばすぐに道具が使えます。

PART 2

システム導入でお片づけ！

DIY も良いけれど技術にも不安が……。
そんなご家庭にオススメなのが、
プロの手を借りること。
小島弘章監修のもと
大建工業のシステム収納「MISEL」で
作ったリビング学習プランを活用し、
理想の学習環境を作りました。

大野里美さん

Satomi Oono

住宅メーカー勤務を経て2013年に整理収納アドバイザー1級に合格し、片づけのプロとして活動を開始。（一社）日本収納検定協会の理事。

BEFORE

今まではダイニングテーブルでリビング学習をおこなっていた大野家。さすがに片づけの行き届いたリビングですが、カップボードは特に必要ないので撤去しようと考えていたところだそう。

間取りにぴったり
インテリアにもマッチした
大人も使いたいリビング学習机

AFTER

カップボードのあったスペースにリビング学習用のシステム収納を導入。扉の色や棚、引き出しの組合せを自由に選ぶことが可能。扉つきの棚を互い違いにレイアウトすることで、インテリアのアクセントにもなっています。

勉強がはかどる
リビングの理想形を考える

綺麗に片づいた大野家ですが、まだまだ改善したいところはあったそうで、そのひとつがダイニングテーブルを学習スペースとして使っていることだそう。

BEFORE

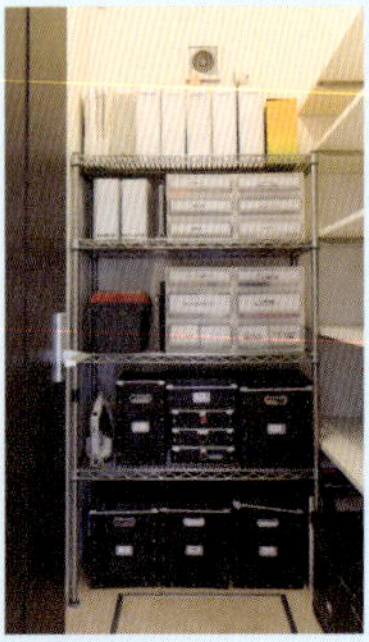

パントリールームにはワイヤーラックを置いて書類を収納。ラベリングすることでどこにどんな書類が入っているか一目瞭然だが、少し離れた場所にあるのでやや不便。

カップボードの棚に学習教材を収納。A4サイズが横並びで入れることが可能ですが、平置きでないと入らないのがちょっと使いづらいそう。

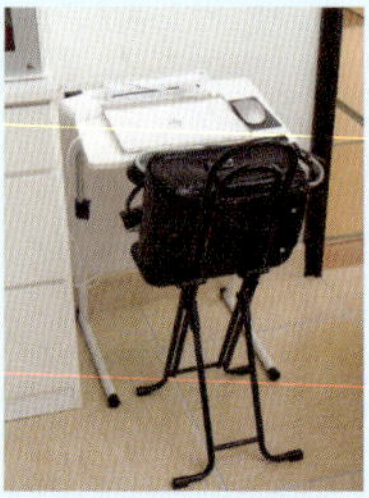

カップボードの脇にはPC一台分の小さなデスクを置いて、作業用スペースとして活用中。「資料を広げられないのが難点です」

自宅でセミナーを開催することも多い大野さん。ダイニングテーブルを使うことも多いため、学習専用の場所を作ることに決めました。

ベタベタとプリントやチラシを張りがちな冷蔵庫の扉もスッキリしていますが、他に場所があればこのプリントも移動させたいところです。

「つっぱり棒で支えなくてはいけないので見た目が良くない点も、カップボードの撤去を決めた理由のひとつです」と大野さん。

模様替えに合わせて学習場所をアップデート

子ども部屋に学習机を用意しているものの、より子どもとコミュニケーションをとるためにリビング学習を実践しているという大野家。カップボードの棚を子どもの学習教材用の棚にしたり、パントリーに学校関係の書類を保管したり、今までもリビング学習のために片づけの工夫を盛り込んでいましたが、大建工業のシステム収納の存在を知って自宅への導入を決意。

「今の状態でも大きな不自由はなかったのですが、専用の場所があったほうがより学習に集中できるのではないかと思い、模様替えのタイミングで導入することに決めました」と大野さん。もちろん仕上がりは大満足。

LET'S DIY!

使い勝手を考えつくした、リビング学習のシステムを導入する

**家族構成の変化や子どもの成長に合わせて
より使い勝手の良い形にインテリアも変えるべく、
プチリフォームをおこないます。**

見た目も美しい学習スペースをプロの手で作る

まずは大建工業の担当者と一緒にカタログを見ながら打ち合わせ。「様々なパーツを組み合わせられるので目移りしてしまいます」と大野さん。

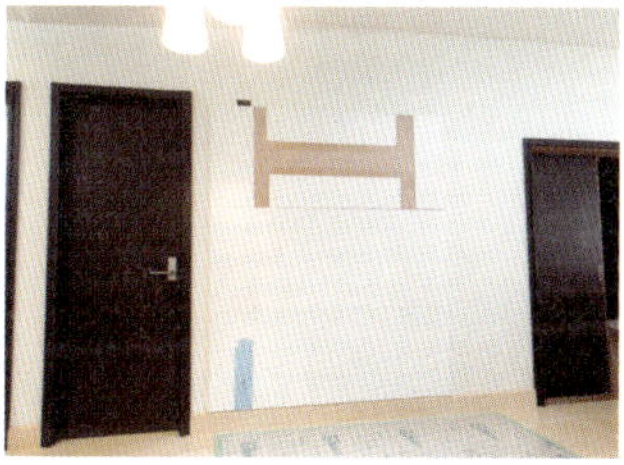

施工業者が内見してチェックをした後、カップボードを撤去。幅木に合わせて下地を壁に施工していきます。

▼

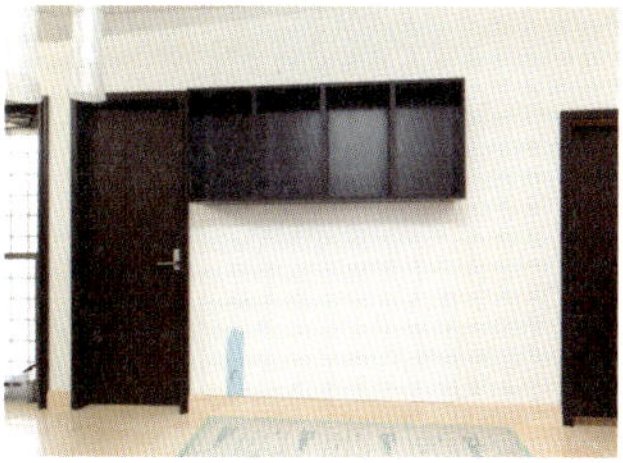

まずは、上部収納の本体を設置していきます。無理なく手が届く高さになっています。

▶

デスクの収納部分にあたるボックスをレイアウト。動線を考えて右側には余裕をもたせて設置しています。

▼

天板と扉を設置。インテリアに合わせて素材は光沢感のある白の扉をチョイスしました。

使い勝手を考えつくした、リビング学習のシステムを導入する

START

1

縦置き管理なら取り出しも簡単

これまでは平置きするしかなかった教材類も、縦置きで収納ができるように。背表紙が見えるため、取り出しやすくなりました。

2

炊飯器用の機能をランドセルに転用

スライド式のカウンターはランドセル置き場に。もともと炊飯器用の仕様のため、重たいランドセルでも強度に不足無し。

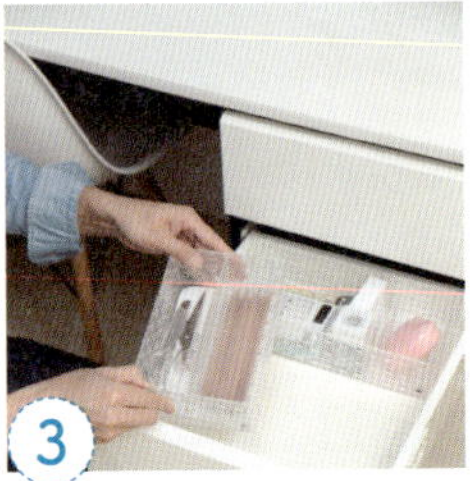

3

小物類の収納は個別に仕分け

鉛筆や消しゴムなど、小物類がたくさん収まる引き出しの中は、より小分けして収納することでモノの指定席を作ります。

4

使う頻度に合わせて分類して収納

筆記用具でも毎日使うモノから半年に一回使うモノまで使用頻度は様々。頻度ごとに分類する方法もおすすめです。

5

手前はよく使うモノ、奥はたまに使うモノを

引き出しの手前に使う頻度の高いモノを収納するのが鉄則。半透明のケースで仕切り、姉弟で色分けして収納しています。

6

取り出しにくい場所もケースを活用

子どもの手が届かない上部収納には大人のモノや使用頻度の低いモノを。収納ボックスに入れておけば一度に取り出せて便利です。

使いやすいモノを
使いやすい場所に！

7

マグネットボードを活用してコンパクトな天板も広々

マグネットボードに「like-it」のマグネットツールケースを貼りつけて、天板の上にはモノをなるべく置かないよう配慮しています。

9

重たいモノは下に収納すべし

一番下の大きな引き出しには習字セットや絵の具セットを収納。学校のモノがまとまっていると忘れ物の心配も無用です。

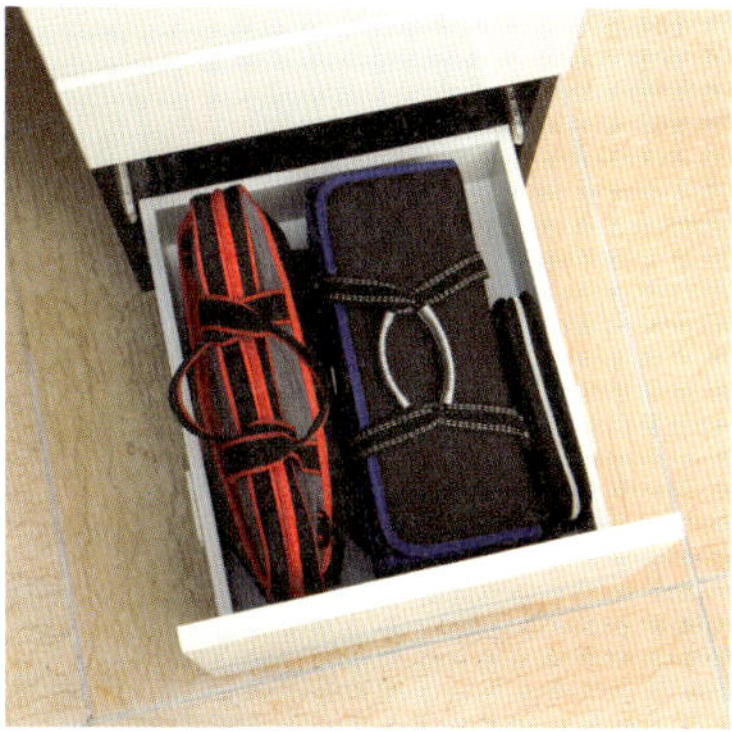

8

扉の開く方向で使いやすさが決まる

開き扉は動線によって使いやすい方向が変わります。大野家の場合は右側が使いやすいため、使用頻度が高いモノを収納。

10 プロならではの美しい仕上がり

モノトーンを基調にしたことで、すっきりまとまったリビング学習スペースが完成。マグネットボードは時間割りを貼ったりホワイトボードとして伝言板にも、活用できます。

11 大人も一緒に使えるリビング学習スペース

天板の上に何も置かないことのメリットは、見た目もよく作業効力がアップするだけでなく、掃除もしやすくなります。

［２章のまとめ］

理想のリビング学習を行うには、「システム」を利用するのも手

リビング学習専用の場所を作るだけであれば、カラーボックスと天板を組み合わせてDIYで作ることはできますし、学習机を置くこともできます。

ですが、これから転居や住宅の購入をおこなうご家庭であれば、新しい家具の購入を考えてみるのも良いでしょう。

そんなご家庭にぜひおススメしたいのが、大建工業のシステム収納「MiSEL」です！ システム収納だからこそ実現可能な安全性と審美性、自由度の高い組み合わせによる理想のリビング学習スペースを手に入れることが可能です。

実はこの「MiSEL」のリビング学習スタイリングは私が監修を務めており、私自身も自宅で子どもと一緒にリビング学習を実践している立場ですから、リビング学習に最適な片づけの工夫が満載です。学習環境にもインテリアにも妥協したくないこだわり派のご家庭は、お子さんの進級・進学に合わせて導入してみてはいかがでしょうか。

第３章

リビング学習を実践するお宅の部屋を拝見！

千田葉子さん

Yoko Chida

会社員として勤務した後、結婚と出産を経て二児の母に。DIYで改装したインテリアがSNSでも評判になり、各媒体で取材されることも多い。

カントリー調の温かみのあるリビングで親子でゆったり学習

さて、ここからは実際にリビング学習を実践しているお宅におじゃまして、お話をうかがっていきます。まず最初にご紹介するのはDIYで驚きのインテリアとリビング学習の仕組みを作り上げた千田邸です。

温かみのある部屋のダイニングが次女の勉強場所。ダウンライトからの光量も十分で、キッチンで食事の支度をしながら子どもを見守ることができます。

自己管理の練習に自分の部屋を持つ

2×4の木材を使ったつっぱりシステムで柱を作り、板を張ることで次女のためのスペースを確保。「長女がひとり立ちしたら、そこが次女の部屋になる予定です」

リビングに居ながら個室気分に

半個室の壁の上部はカーテンになっており、プライバシーも確保しつつ見守れる環境に。リビングから隔絶されていない点も学習環境的には好ポイントです。

リビング学習と勉強部屋のいいとこ取りな半個室

フルタイムの仕事ではなくなったのをきっかけにDIYで自宅の改装をはじめた千田さん。その凝りようは次女のために半個室もDIYしたほど。

「リビングからひと続きになるように半個室を作って、そこに学習机も作りました。普段はダイニングのほうが安心して勉強ができるようですが、子どものモノは半個室にしまえますし、どこにいても家族の息遣いを感じながら過ごせるようになっています」

勉強を教えてもらいたい時はダイニングで、ひとりで集中したい時は半個室で、と子どもの気分に合わせて学習場所を選べる部屋ができあがりました。

愛読者カード

このハガキにご記入頂きました個人情報は、今後の新刊企画・読者サービスの参考、ならびに弊社からの各種ご案内に利用させて頂きます。

●本書の書名

●お買い求めの動機をお聞かせください。

1. 著者が好きだから　2. タイトルに惹かれて　3. 内容がおもしろそうだから
4. 装丁がよかったから　5. 友人、知人にすすめられて　6. 小社HP
7. 新聞広告（朝、読、毎、日経、産経、他）　8. WEBで（サイト名　　）
9. 書評やTVで見て（　　）　10. その他（　　）

●本書について率直なご意見、ご感想をお聞かせください。

●定期的にご覧になっているTV番組・雑誌もしくはWEBサイトをお聞かせください。
（　　）

●月何冊くらい本を読みますか。
（　　冊）

●本書をお求めになった書店名をお聞かせください。
（　　）

●最近読んでおもしろかった本は何ですか。
（　　）

●お好きな作家をお聞かせください。
（　　）

●今後お読みになりたい著者、テーマなどをお聞かせください。

ご記入ありがとうございました。著者イベント等、小社刊行書籍の情報を書籍編集部HP ほんきになるWEB（http://best-times.jp/list/ss）にのせております。ぜひご覧ください。

郵 便 は が き

お手数ですが
62円分切手を
お貼りください

1 7 1 - 0 0 2 1

東京都豊島区西池袋５丁目26番19号
陸王西池袋ビル４階

KKベストセラーズ
書籍編集部行

おところ 〒

Eメール @ TEL ( )

(フリガナ)
おなまえ

年齢 歳
性別 男・女

ご職業
会社員
公務員
教 職（小、中、高、大、その他）
無 職（主婦、家事、その他）
学生（小、中、高、大、その他）
自営
パート・アルバイト
その他（ ）

集中して勉強したい時とリラックスして学びたい時の使い分けが可能な半個室

間取りに合わせて学習机もDIY

こちらはDIYした学習机。カラーボックスに天板を渡し、間取りのコーナーに合わせて製作。棚に置いたモノの管理も積極的にするようになったそう。

リビング学習しつつ自己管理力も養うDIYの子ども部屋

1 プラカゴ使いで分類して収納

本や小物類はプラカゴに分けて収納。今後はプラカゴの色や形を揃え、見た目や使い勝手も向上させたいところです。

2 用途に合わせて引き出しに変更

こちらのカラーボックスには教材類や着替えなどを収納。浅型の収納ボックスにレールを組み合わせて2段の引き出しにすることで使い勝手も良好です。

子どもも集中して学べ、大人も快適に過すためのちょっとした工夫

③ バッグ類の置き場所は半個室に入ってすぐの所に

バッグ類は壁面収納で管理しています。半個室に入ってすぐの場所にあるので、出かける際に服とのコーディネートもしやすい。

④ 筆記用具やプリント類はダイニングの脇に

ダイニングの電話台には筆記用具やプリント類など、リビング学習用のモノを収納。こちらも100円ショップのアイテムを活用してDIY。

⑤ 今の暮らしに合わせて思い出もリフォーム

千田さんが使っていた昔の思い出の学習机はコーヒーテーブルに作りかえ。「内側には子どもが描いてくれた絵を貼っています」

田口愛佳さん
Aika Taguchi
(一社)ハウスキーピング協会認定の整理収納アドバイザー1級を取得し、都内近郊を中心に収納セミナーや整理収納力サービスをおこなっている。

リビングテーブルが長男の学びの場。横に座って勉強を見たり、対面式のカウンターキッチンから家事をしながら見守ったりと、適切な距離感で接することが可能です。

親がどこにいても子どもを見守れるリビング

こだわり派の長男は何日もかけてじっくりとミニカーで街を作り上げるのが大好き。子どもに好きな遊びを満喫させてあげつつ、勉強もしっかりしてもらうための手段として田口さんはリビング学習を選択したそうです。

キャスターつきのワゴンに教材をまとめてすぐに宿題ができる体制に

遊びの延長線上で楽しく簡単に準備

大人用デスクの近くにキャスターつきのワゴンを用意し、ハンカチや給食袋、教材類など学校の準備や宿題に必要なモノをまとめてセット。「遊び感覚で使ってくれます」と田口さん。

子ども用の収納場所はとにかく簡単にしまえる工夫を

▲

置くだけでOKなら子どもも片づけを面倒臭がらない

こちらは教科書や図鑑、ランドセルなど、長男のモノを入れる棚。子どもが面倒くさがらないように、ワンステップで片づけできる扉なしタイプを採用。

リビング学習でも来客時に慌てずスッキリ

▼

DIYカーテンで子どもの使い勝手も部屋の見た目も◎

リビングにお客さんが来る際は、つっぱり棒やお手製のカーテンで、スッキリと綺麗な見た目に。「簡単に作れて、とても便利ですよ」と田口さん。

リビングで集中して学び、子ども部屋で元気に遊ぶ

普段はリビングのローテーブルで学習をおこなっているという田口家。そのため長男の教材類はキャスターつきのワゴンにまとめて、すぐに持ち運べるようにしてあるそう。「息子はミニカーで街を作るのが大好きなので、子ども部屋はミニカー遊び専用の場所にして、リビングで宿題をするようにしています。もちろん学習面でのメリットもありますが、リビングに玩具が散らからずに大人も快適に過ごすことができています」

学びと遊びのスペースを分けることで、ダラダラと遊ぶこともないそうです。

1 学校の準備も自分でできる グルーピング収納&ラベリング

筆記用具やハンカチなど学校の準備に必要な小物類はラックにまとめてセット。明日必要なモノをラベリングすれば、忘れ物防止にもつながります。

2 学校関係の資料は家族全員がわかるように

学校関係のプリントや資料は、ファイリングしてラックの最下段にレイアウト。ラベリングしているため、親だけでなく、家族全員がどこに何が入っているか把握できます。

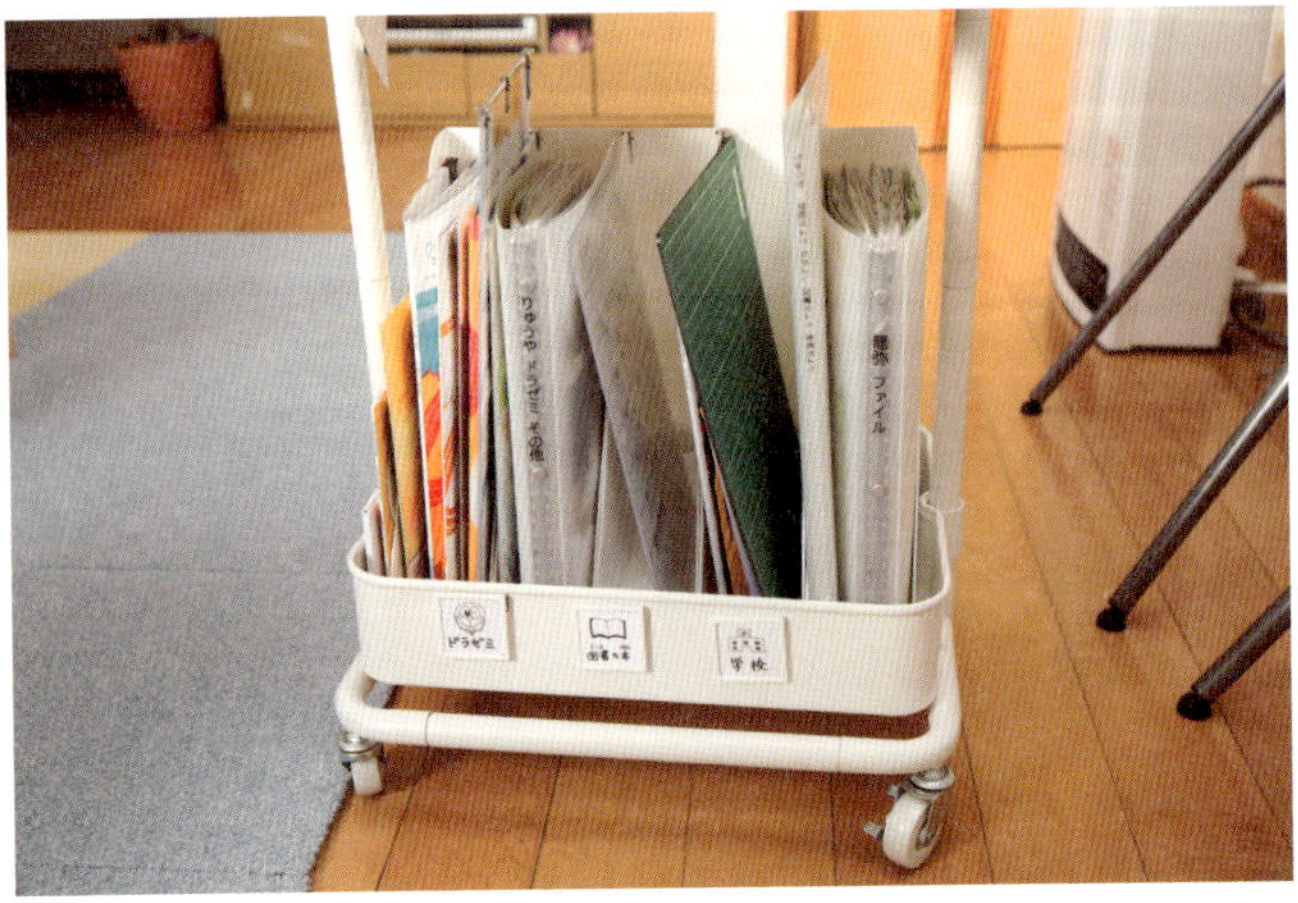

リビング学習だからこそ 学びも遊びも熱中できる

③ 置き場所を決めれば 元にもどす習慣がつく

子どものお気に入りの本はDIYで作ったマガジンラックに収納。「息子はずっと眺めてるほど地図好きなんですが、読んだらもどせるように置き場所を決めています」

④ リビング学習だからこそ 遊びにも集中できる

「平日はあまり遊べないので玩具を出しっぱなしにしてもOKとしています」と田口さん。1週間かけてミニカーで街を作り、土日で片づけるようにしているそう。

⑤ 親の少しの工夫が 子どもの成長を助ける

ハンガーラックを2段にして収納力をあげつつ、子どもも使いやすいように配慮。子どもの靴下やパンツなども下段にしまうことで、自然と着替えも身につきます。

小倉美詠さん

Mie Ogura

整理収納アドバイザー1級に加え、保育士や幼稚園教諭1種の資格を持ち、各世代や家庭にフィットした片づけ方法を提案中。

リビングの壁一面には子どもの玩具箱をレイアウト。引き出し式で出し入れも簡単で使い勝手も◎。

「勉強」と「遊び」がうまく同居しているリビング

男の子が２人いる小倉さんのお宅では、
長男がリビング学習をしながら、
次男がその横で遊んでいる光景が印象的。
リビングには学習に関するモノと、
遊びに関するモノを上手に区分けし、
それぞれの子どもが「学び」と
「遊び」に熱中する、
独特のしつけ方法があるようです。

ストレージバッグを作ってしっかり仕分け

子どもの作品はストレージバッグにしまって、いっぱいになったら一緒に「使っているor使っていない」の選別。

子どもの性格を鑑みつつリビング学習を導入

二児の母親であり保育士として働いていた経験を持つ小倉さん。その経験のもとで、小倉家ではリビング学習の導入を決めました。「ひとりひとり性格は違うので、子どもの教育には〝これが正解〟と断言できるものはないようです。少なくとも今は子どもの成長具合や個性を鑑みながら、一番ベストと思える方法としてリビング学習を実践しています。それぞれの子どもとしっかり向きあえる時間を取れるのもリビング学習のメリットですね」

次男が楽しそうに玩具で遊んでいる横で真剣に勉強しているところを見ると、長男にとってはリビング学習は効果的なようです。

大量の玩具を
スッキリまとめて
明日の準備もしやすく

**重いランドセルは
一番下の引き出しにしまう**

ランドセルは棚の一番下に。子どもの玩具が減ったらゆくゆくこの棚は大人も使えるように考えています。

**勉強道具や学校関連のモノは、
縦置きにして一目でわかりやすく**

勉強に使うモノや学校で必要な書類などをまとめて収納。縦置きにしているので、必要なモノを簡単に出し入れできる。

文房具類は、使用頻度で置く場所を決める

文房具は教材の上の棚に収納。よく使うハサミやペンをまとめて前に置いているのもポイントです。

最初は小さなスペースから自分で管理させる

まず引き出しなど小さなスペースから自分で管理する習慣をつけるために、大事なモノ用の引き出しを用意しています。

出版案内

KKベストセラーズ

〒171-0021
東京都豊島区西池袋5丁目26番19号 陸王西池袋ビル4階
振替00180-6-103083 ☎03-5926-5711(代)
http://www.kk-bestsellers.com/

2019年3月の新刊

福島のことなんて、誰もしらねえじゃねえかよ

カンニング竹山 1500円

福島に興味がない人でも楽しく簡単に読める本。食、自然、温泉、お酒、遊び場…全国にあまり知られていない福島の魅力を余す所なく紹介。真面目な話もあり、福島第一原発に入って取材した様子や、現地の人たちとの対談も収録。安全で、楽しい！ 今までになかった福島ガイド本。

〈ベスト新書〉

日本の「水」が危ない

六辻 彰二 860円

改正水道法は、世界の情勢からほとんど隔絶していた日本を、世界の水ビジネスにさらすものだ。しかし、多くの国民がほとんど関心も知識もない間に、改正水道法はスムーズに成立したともいえる。本書は、これに対する危機感のもとに著された。人間には欠かせない水を改めて見直し、読者が暮らす自治体の「水道民営化」について考える参考にしていただければ幸いである。

●価格はすべて本体価格です。

2019.4.15

《文芸・文化・社会》

福島のことなんて、誰もしらねぇじゃねえかよ	カンニング竹山	1500円
実は昼ドラちっくな!? 百人一首	関根尚	1200円
ガンは食事で治す	森下敬一	1400円
もう、きみには頼まない 安倍晋三への退場勧告〈時代への警告〉	適菜収	1300円
平和主義は貧困への道 または対米従属の爽快な末路	佐藤健志	2000円
外国人記者が見た平成日本 この奇妙な国の正体とゆくえ	ヤン・デンマン	1700円
へんないきものもよう	早川いくを	1800円
みんなちがって、みんなダメ	中田考	1500円
木梨憲武って!?	木梨憲武	1600円
世界を動かした「偽書」の歴史	中川右介	1450円
最新科学が進化させた世界一やさしいがん治療	武田篤也	1250円
がんばる理由が、君ならいい	0号室	1000円
箱根駅伝ノート	酒井政人	1250円
道なき未知	森博嗣	1400円
おい、小池!	適菜収	1300円
日本は誰と戦ったのか	江崎道朗	1157円
リベラルの自滅	馬渕睦夫	1200円
どうすれば愛しあえるの	宮台真司 二村ヒトシ	

《ベスト文庫》

できる大人の「手抜き力」	齋藤孝	650円
日本人が知っておくべき「戦争」の話	KAZUYA	615円
中国人韓国人にはなぜ「心」がないのか	加瀬英明	667円
嫌韓道	山野車輪	620円
萌え文学傑作選1～5	山谷哲夫(編)	各800円
壁	野村克也	650円
愛国論	田原総一朗 百田尚樹	640円
決めて断つ	黒田博樹	822円
アドラー心理学実践入門	岸見一郎	600円
蘇我氏の正義 真説・大化の改新	関裕二	685円

《競馬の本》

競馬攻略カレンダー2018【上半期編】我、かく戦えり！	水上学	917円
競馬攻略カレンダー2018【下半期編】水上馬券戦記	水上学	1020円
騎手エージェントの内幕を知ればこんなに馬券が獲れる！	野中香良&エージェント研	917円
血統力絞り出し！ 種牡馬秘宝館	水上学	1722円
出目キング！	デーメー研	1500円
「実走着差」実践編	吉冨隆安	1667円

《趣味・実用書》

子どもはみんな天才脳！驚異の幼児教育EQWELメソッド	さとるみ	1200円
うつぬけ食事術	奥平智之	1400円
女優・モデルが密かにやっているリバウンドしない体幹ダイエット	木場克己 澤山璃奈	1300円
カロリー貯金ダイエット	ホネホネロック（東城薫）	1400円
笑顔と会話が増える家族の片づけルール	江間みはる	1200円
石けんだけで肌はきれいになる	井出順子	1850円
7ルールダイエット	杉山舞	1280円
季節の部屋飾り12か月	いまいみさ	1500円
PITCH LEVEL	岩政大樹	1350円
あきのズボラ家計簿	あき	1250円
長友佑都 体幹×チューブトレーニング	長友佑都	1389円
長友佑都 体幹トレーニング20	長友佑都	1000円

《ベスト新書》

日本の「水」が危ない	六辻彰二	860円
誰にでもできるアンガーマネジメント	安藤俊介	824円
読術	適菜収	
教育改革の	諏訪哲二	

必要なモノを必要な場所にまとめて使いやすく

玄関に入ったらすぐにアウターを脱げるように

玄関にコートハンガーを用意して子どものアウターの置き場を作れば、脱ぎっぱなしになる心配もありません。

帽子は玄関先に見せる壁面収納

コートと同様に帽子も玄関前に壁面収納。お出かけ前に子どもがお気に入りの帽子を選べるようにしています。

第4章

プロが選ぶ鉄板！ お片づけグッズ＆お片づけサービス

使ってみて分かった！
本当に役立つお片づけグッズ

片づけが苦手な方は何かとモノを買いがち。
しかし、ここでは小島弘章が実際に使って
本当にオススメできるお片づけグッズを紹介します！

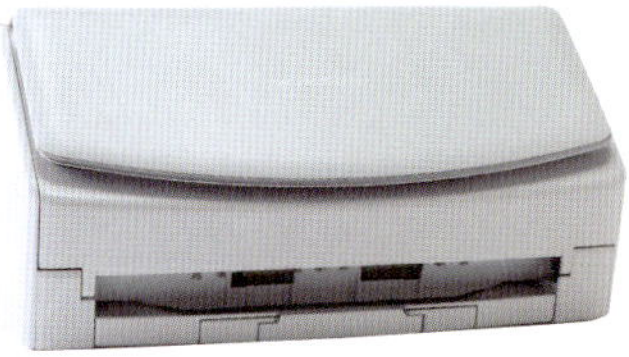

Fujitsu ScanSnap iX1500

オープン価格

4.3インチのタッチパネルを搭載で直感的操作が可能なスキャナー。専用ソフトがデータ管理をアシストしてれるため、書類や名刺、紙焼き写真を効率的にデータ化し整理できます。

バッファロー おもいでばこ

オープン価格

2TBの内臓HDDに写真や動画データを取り込むだけで自動で整理。テレビやスマホで簡単に写真や動画を表示できるので、写真整理と気軽に見返すことが両立できます。

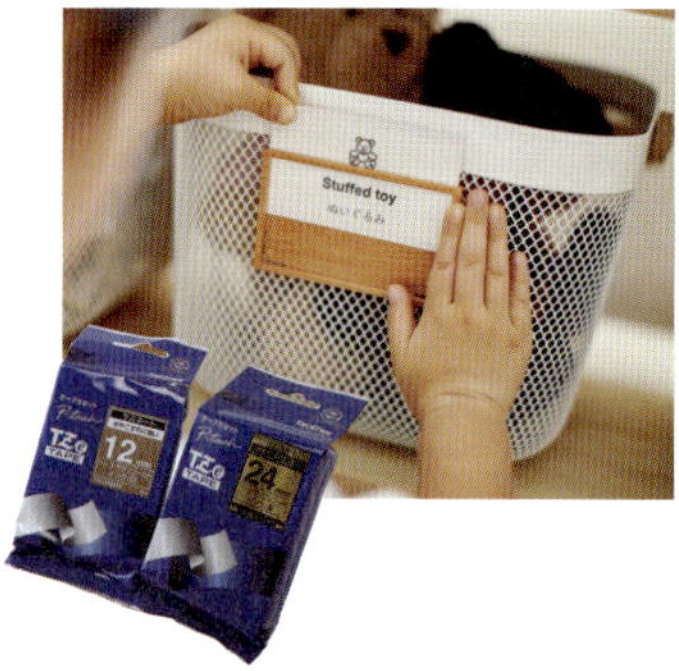

Brother P-TOUCH CUBE

オープン価格

専用アプリを通じてスマートフォンで入力した文字を出力できるラベルライター。絵文字やフォントやテープの種類も豊富なため、おしゃれにラベリングできます（P.43参照）。

like−it シュースペースセーバー

2160円（6P）

3段階の高さ調節が可能でローファーからハイカットスニーカーまで重ねて収納することで下駄箱の収納量を2倍にしてくれるお役立ちアイテム。引出し用穴つきでサッと取り出せます。

CAINZ 伸縮整理棚

1280円

34〜60cmの幅で伸縮可能なシューズラック。靴箱の中に取り入れることで最大8足までの靴を収納することが可能です。スチール製のため強度も充分です。

like−it ブーツスペースセーバー

1836円

ミドルからロングまでのブーツに対応する伸縮機能付きホルダー。ワンプッシュで自由自在に高さ調節可能で、型崩れすることなく半分のスペースで1足を収納できます。

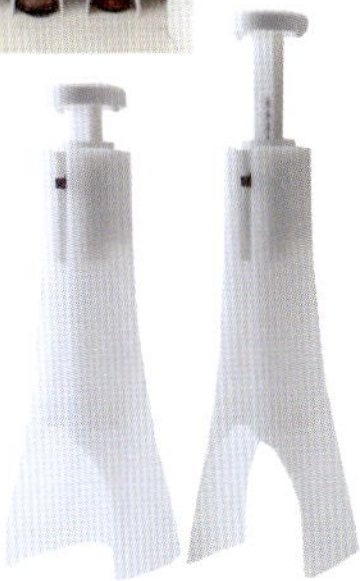

like−it BRICKS9011 280スリムM

702円

名刺やカード類にちょうど良いサイズで約780枚の名刺を収納可能なオーガナイザー。別売りの仕切り板と組み合わせることで、名前や属性ごとに整理・収納もはかどります(P.118参照)。

like−it キッチンツールケース

648円（M）

直角なデザインのためスッキリと並べ置きが可能で、水抜き穴もついているため水場でも安心して使える収納ケース、引き出し内を整理できるよう各種サイズをラインナップ。

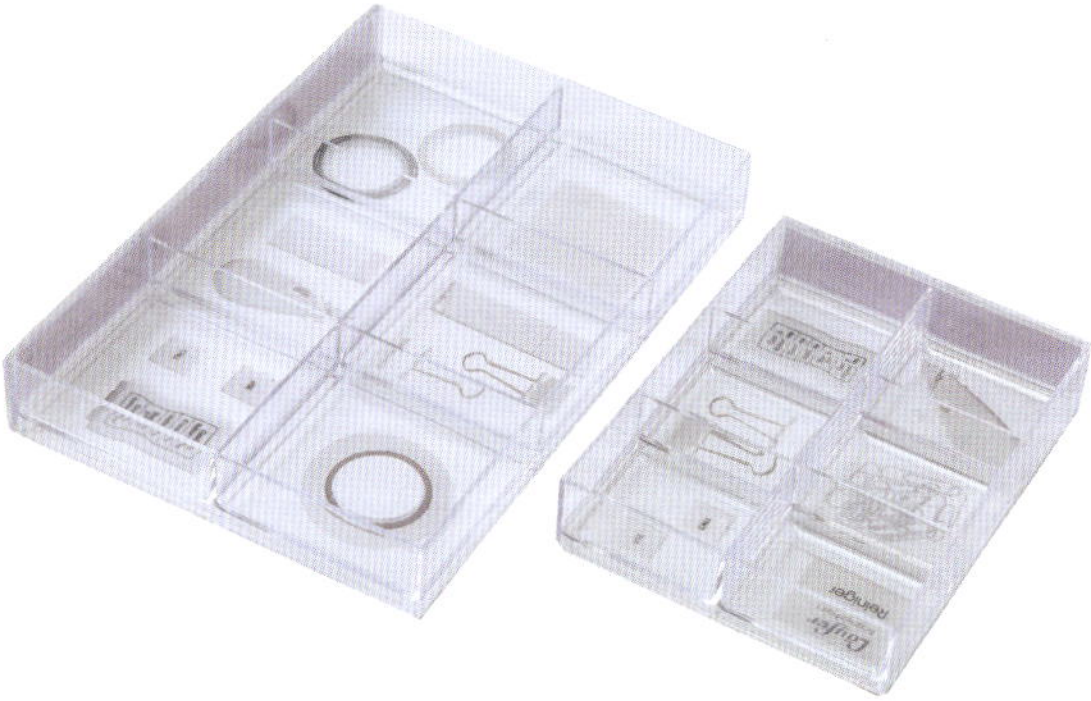

like−It システムトレー

324円〜

細かな文具やアクセサリーの収納に便利な、仕切りつきのトレー。スタッキングも可能で、別売りのファイルユニットとぴったりのサイズ。底部分は取り出しやすいようにアール処理に(P.116参照)。

無印良品
ポリプロピレン
収納キャリーボックス

990円

中央に持ち手がついており、文房具や工具がグルーピング収納でき、持ち運びにも便利。2枚の仕切り板は取り外し可能で、長いモノも収納できる。

CAINZ
収納付き
小物整理ケース S､L

980円（S）・1280円（L）

小物の整理、収納は意外と難しく、おざなりになってしまうもの。印鑑・キーケースやカギ、時計やアクセサリーなどの収納に便利な整理ケース。簡単に開けられるフタ付きです。

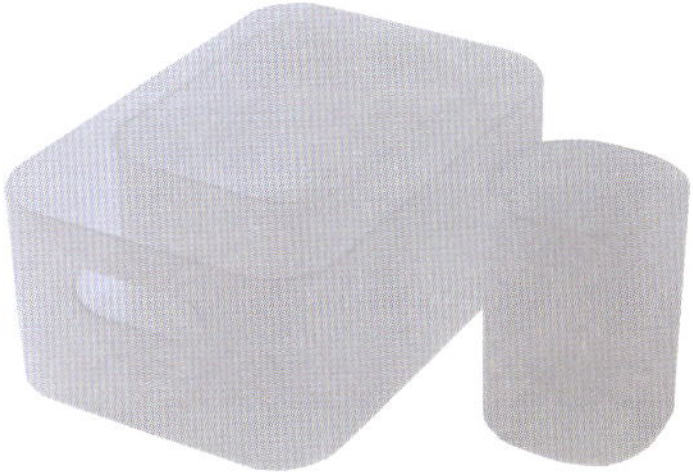

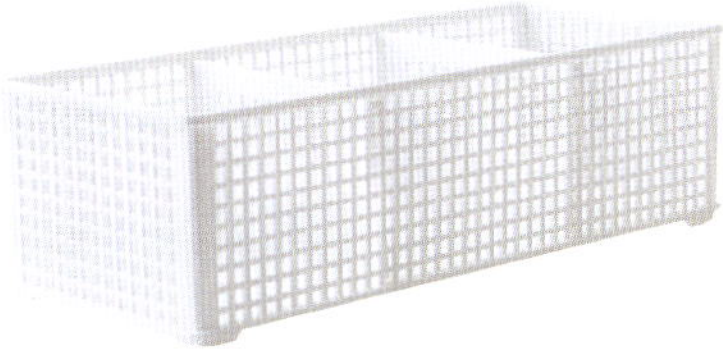

DAISO
積み重ねボックス、
ペンスタンド

108円

軽くてサイズも豊富で、スタッキングも可能となっている。中身が見えて、汚れたらすぐに洗えるのも嬉しいところ。

Seria
仕切りボックス深型

108円

本体の網目部分に合わせて仕切り板を移動可能で、収納するモノに合わせて仕切ることができます。さらに積み重ねもOK。

like-it
コンテナー スリム

540円～

カラーボックスにジャストサイズ。取ってつきで出し入れも簡単にできます。フタ（別売り）を使って積むことができ、キャスター（別売り）も取付可能(P.112参照)。

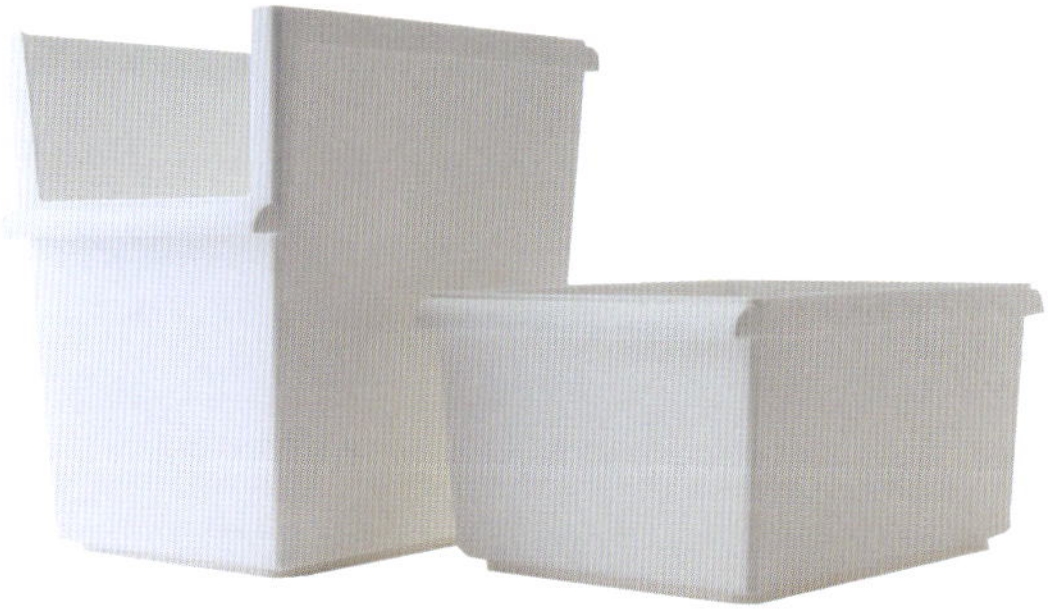

CAINZ
整理収納小物ケース スキットシリーズ

498円（M）、598円（L）

吊り戸棚、食器棚、シンク下引き出しなど最適なケース。ネームホルダーとしても使えるジョイントパーツつきで同シリーズのブロック式ケースのインナーとしても利用可能(P.121参照)。

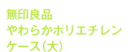

IKEA
VARIERAボックス

399円

シンプルでスタイリッシュなデザインは、中のモノが見えやすく、両側に持ち手がついているので、取り出しやすく持ち運びにも便利。

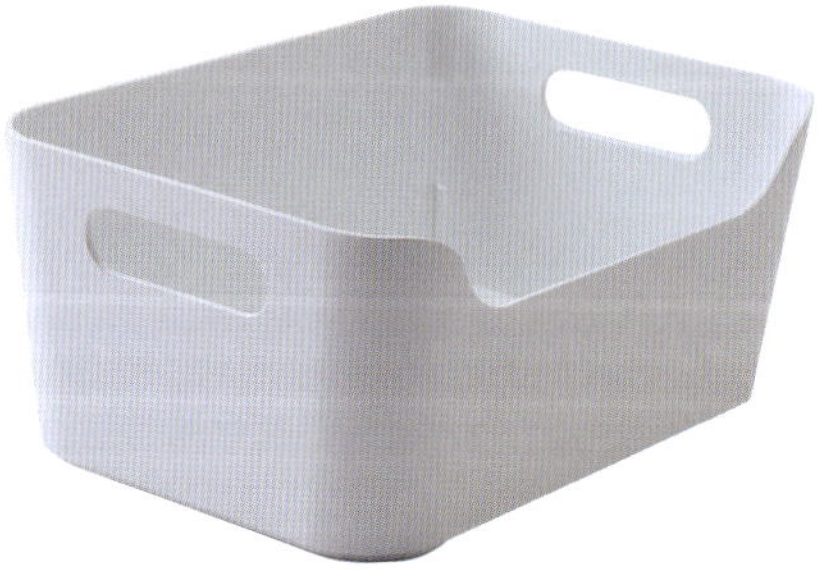

無印良品
やわらかポリエチレンケース(大)

990円

柔らかいポリエチレン素材を使用し、耐水性に優れていて冷蔵庫や水回りでも使用可能なケース。別売りのフタと組み合わせると2段までスタッキング可能で、子どもの玩具収納にも。

like-It ストレージボックス

1404円

A4封筒も納まる大きめ設計のストレージボックス。持ち運びやすい持ち手や棚に置いても取り出しやすい丸穴つき。上部収納でもシンク下の引き出し収納でも場所を問わずに活躍。

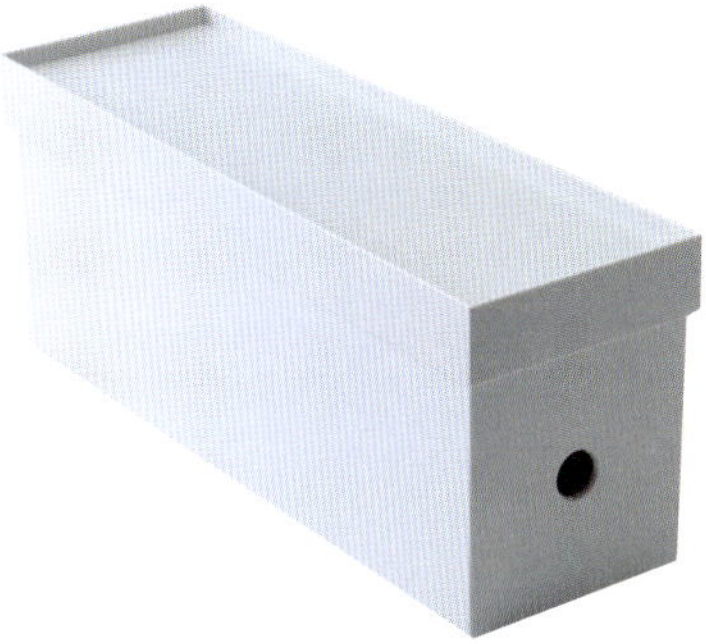

無印良品 ポリプロピレン ファイルボックス

690円～

横に並べた時にぴったり揃うよう、真四角な形に仕上げたファイルボックス。別売りの蓋（税込290円～）を購入することで、スタッキングやキャスター移動も可能です。

ニトリ 吊り戸棚ストッカー

オープン価格

半透明で中身が見えるため、収納したモノを確認可能な吊り戸棚用のストッカー。長くて大きな取っ手つきのため、背の高い場所でもしっかりと出し入れが可能となっています。

宮成製作所 ラベルプレート

480円～

2017年、2018年と2年連続でシンプルスタイル大賞の銀賞を受賞したラベルプレート。SとMサイズを各6色、スクエアサイズが3色あり、ごちゃつかずにラベリングが可能(P.112参照)。

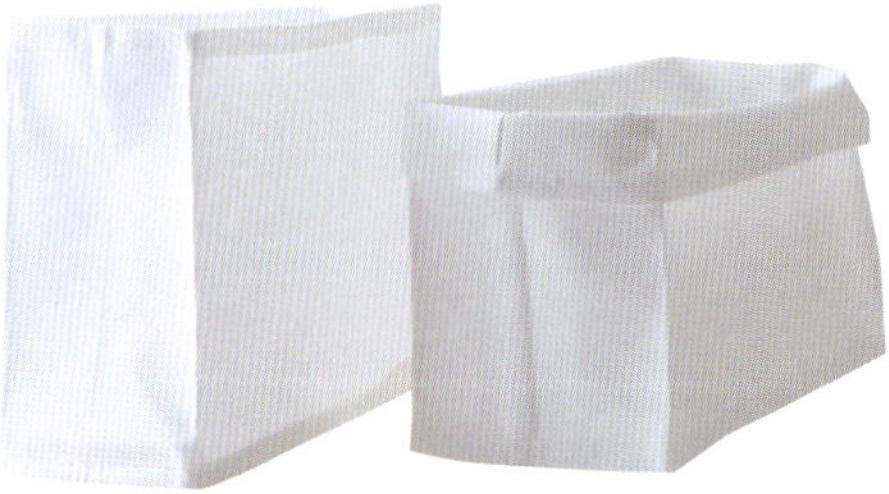

Seria
整理収納仕切りケース

108円

ハンカチや下着、靴下など用途ごとに最適なサイズに仕上げられた仕切りケース。外側に折り返せば、引き出しの高さに合わせて使用可能です。

IKEA
SKUBBボックス

1999円（3ピース）

100㎝幅のワードローブに3個並べてシンデレラフィット。取っ手がついているので出し入れがしやすく、使わない時はコンパクトに折り畳めます。

Richell
トトノ
引き出し用
ゴミ袋収納ケース

497円

ゴミ袋を立ててすっきり収納できるゴミ袋収納ケース。ティッシュのように簡単にゴミ袋が取り出せます。30～90Lまで対応可能。

like-it
タオルバーシェルフ

800円

タオルバーに差し込むだけで簡単に設置できるシェルフ。脚の取りつけはスライド式で様々な幅のバーに対応。使用時でもタオルはそのままかけることができます。

MARNA Shupatto ショルダーバッグ

3218円

一瞬でコンパクトに畳めるショルダーバッグは、ハンドバッグにもなる2wayタイプ。ボディはフッ素系撥水加工で水濡れに強いのも魅力。

MARNA Shupatto ボストンバッグ

4298円

シュパッと一気に畳んでコンパクトになるボストンバッグ。1〜2泊の旅行や旅先で増えたお土産の持ち運びに便利です。

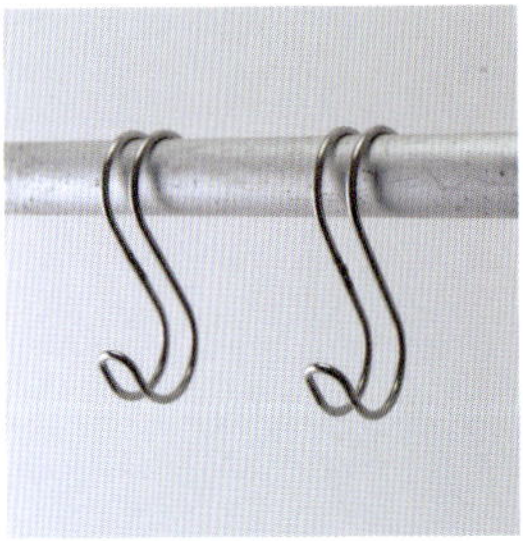

Seria
ステンレス2重フック

108円

S字フックを2重にすることで横ぶれしにくいステンレスフック。直径約2cmまでの太さのバーに引っ掛けて使用できます。耐荷重は約1kg。

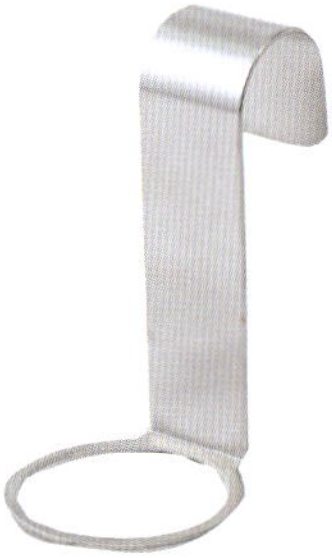

Can Do
ボトルハンギングフック

108円

水垢が溜まりがちなシャンプーボトルを吊り下げ収納することが可能なステンレスフック。直置きしないことで底のヌメリを防ぎつつ、掃除も楽チンに。

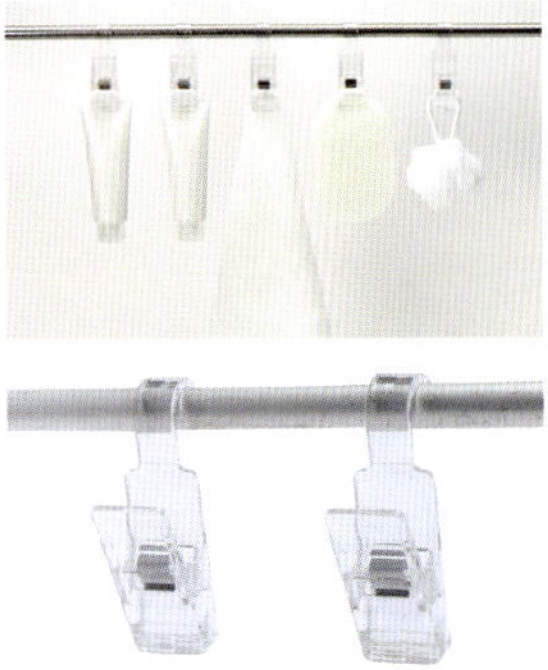

like−it
引っ掛けて使えるハンギングクリップ

500円（2P）

タオルバーやランドリーパイプなど、直径20mm以内のポールに引っ掛けられるクリップ。スポンジや歯磨き粉のチューブなどを吊り下げ収納することが可能です。

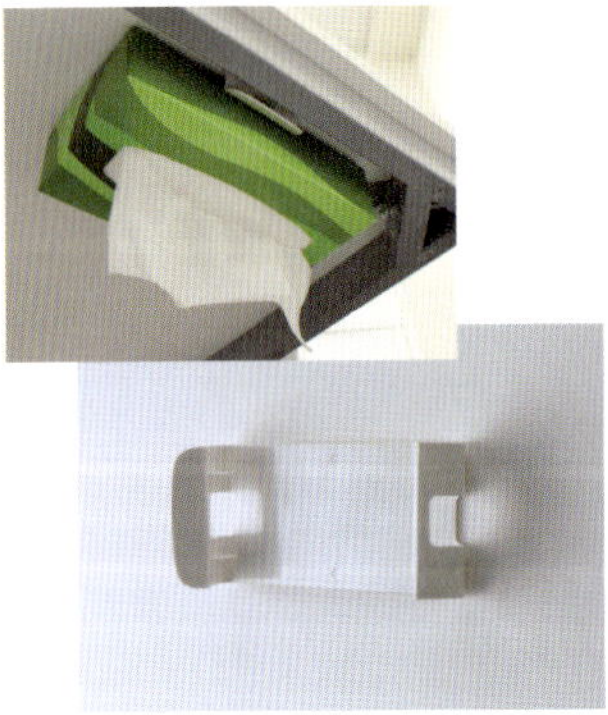

Seria
壁ピタティッシュ

108円

壁面に貼りつけてティッシュボックスを固定できるアタッチメント。冷蔵庫の側面やテーブル裏などで大活躍すること間違いなし。

Seria
歯磨き粉ホルダー

108円

吸盤つきでタイルや鏡に貼って、歯磨き粉や洗顔フォームをすっきり収納できるホルダー。水垢も気にならず、お掃除も楽チンです（P.120参照）。

Seria
ピンチバスケット

108円

洗濯バサミを物干し竿にかけてしまうためのバスケット。上下連結も可能で底面も水切り穴つきのため、バスルームで子どもの玩具収納にも◎（P.120参照）。

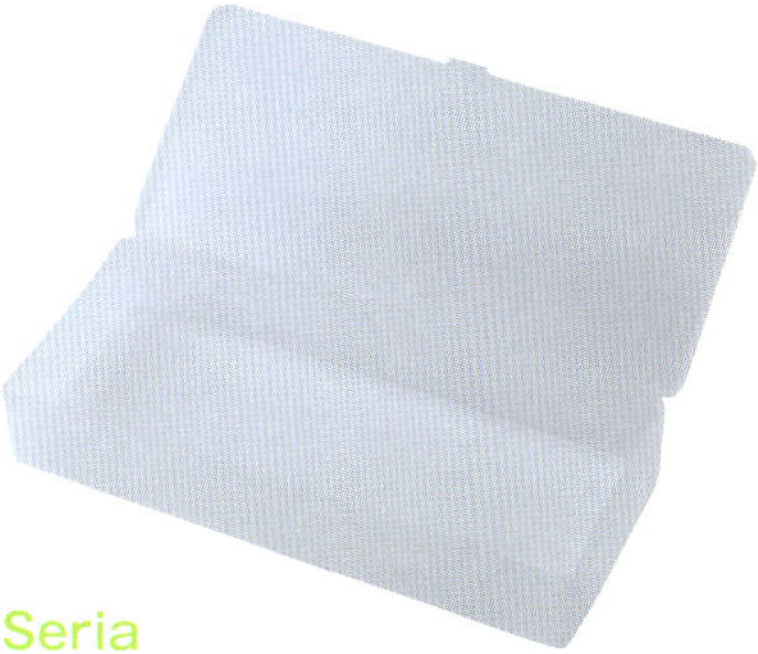

Seria
フタ付きケース ロング

108円

シンプルで機能的なフタつきケースは4種類。ロングにはマスクがぴったりサイズで、フタつきのため衛生的に収納(P.110参照)。

Seria
折りたたみコンテナM90

108円

丈夫で積み重ねて使える収納ボックス。使わない時は、簡単に折り畳んでしまうことができる優れモノです。

Can Do
インデックス付き フリーザーバッグMサイズ

108円(9枚入り)

インデックス付きのため中身や日付を記入して冷蔵庫の整理に役立つフリーザーバッグ。アクセサリーや充電器の収納にも便利です。

Seria
珪藻土 ハブラシスタンド

108円

吸水性に優れた珪藻土なので、水滴のついた歯ブラシでもすぐに水気を吸い取ってくれます。底が開いていないので、水アカも気になりません。

Seria
プルアウトボックスミニ

108円(2個セット)

蓋を開けなくても十文字の切れ込みから中身を取り出すことが可能な収納ケース。輪ゴムやお弁当グッズなど小物の収納に便利です(P.118参照)。

最近のお片づけサービスは非常に優秀。
これらを積極的に活用することで
おうちでも快適な
リビング学習が実現可能です。

利用価値が高い！ますます便利になったお片づけサービス

宅配トランクサービス

AIR TRUNK

日本初の配送無料の宅配型トランクルームサービス

どれだけの仕分けをしても、収納場所が足りないご家庭もあるはず。しかし、別枠で倉庫を借りるのも予算がかかるので二の足を踏んでしまうもの。宅配トランクルームサービスの「ＡＩＲ ＴＲＵＮＫ」なら、最安で月額１０００円から導入ができるため気軽に試すことが可能。また、他社では保管していた荷物を取り出す際に別途で送料や出庫費がかかりがちですが「ＡＩＲ ＴＲＵＮＫ」なら何度出し入れても無料なのが嬉しい。衣類、季節家電、雛人形やキャンプ用品など「毎日は使わないけど、必要なモノ」の保管におすすめ。

https://air-trunk.net

月額1000円から利用でき、ニーズに応じて様々なプランを準備。また、衣類や布団のクリーニング、荷物の発想代行など保管＋αのサービスも充実しています。

片づけ指南サービス

片づけの家庭教師

カジタク収育士と一緒に楽しく片づけの練習

本書の著者である、小島弘章が代表理事を務める一般社団法人日本収納検定協会が家事の宅配サービスの「カジタク」とコラボして実施するのがこちら。実際にお客様の自宅を訪問し、３歳から小学６年生までを対象にお子さんに片づけ・整理収納方法を指導するサービスです。内容はカジタク収育士が「こども収検」を実施。その後、お子さんへのトレーニングと実践。整理判断力を養うだけでなく、両親にはメンテナンス方法の説明や片づけに関する悩みの相談も受け付けているため、片づけ下手を自認しているご家庭にこそ活用して欲しいサービスです。

https://www.kajitaku.com

当日のカリキュラムは、教材を用いた授業とミニテスト、片づけの実践も含めて120分で１万2000円（延長30分3000円、移動費別途960円）。現在は東京23区エリアでサービス提供中。

宅配買取

ネットオフ

要らないモノを手放して気軽にお小遣い稼ぎ

スペースを取るうえになかなか処分することもできず、売るのも重くて店頭まで持ち込むのが大変なのが古本やCDの類です。「ネットオフ」の宅配買取サービスなら自宅にいながら不要な本やCDのみならず、ブランド服やゲーム機器、フィギュアまで買取り可能。「もう要らないけれど、売ったら値段がつきそう」というアイテムをスマホで申込んだら、自宅で商品を梱包し、あとは宅配業者に渡すだけで、意外なお小遣い稼ぎになるかも!? 送料や手数料もかからないうえに最大6箱まで送付用の段ボールを送ってくれるのも嬉しいところです。

https://www.netoff.co.jp

買取金額に応じてネットオフ負担で寄付をおこなっており、社会貢献にもつながる宅配買取サービス。「本＆DVD買取コース」「もえたく！ フィギュア買取コース」「ブランド＆総合買取コース」の3種類を用意。

宅配型供養サービス

みんなのお焚き上げ

手放せないモノも納得＆感謝してすっきり

ぬいぐるみやお札に遺品整理でもらった形見分けの品……、手放したいけど処分するわけにもいかないモノもたくさんあるはず。そんな想いの籠もった処分できないモノに感謝しながらキチンと手放せる宅配サービスが「みんなのお焚き上げ」。郵送でキットを購入し、お焚き上げしたいモノを詰めて送るだけで、由緒ある神社で丁寧に供養とお焚き上げをおこなってくれ、完了後に証明書が郵送で到着。モノに感謝をしつつ、しっかりとけじめをつけることができるため、部屋が片づくのはもちろん精神的にもすっきりとした気分になることが可能です。

https://www.otakiage.com

お札やお守りなどメール便の封筒に入るサイズ（税込み1080円、キット送料350円）と、人形やアルバムなどを収められる3辺合計100㎝のボックスサイズ（税込み5940円、キット送料無料）から170㎝（税込み1万6200円、キット送料無料）まで対応。燃えないモノも預けられるのが喜ばれている。

整理収納サービス

ケイスタイル株式会社

収納王子コジマジック直伝の整理収納サービスがスタート

「片づけたいけど、モノが多くてどこから手をつけたらいいのかわからない」と、お悩みの方も多いはず。ケイスタイルでは、本書の著者である小島弘章こと収納王子コジマジック流の片づけ術を習得した、経験豊富なプロがご自宅に伺い、あなたのお悩みを解決いたします。初めてで不安…という方には「お試しパック」をご用意。プロの片づけ術を実際に体感できます。片づけは、単におうちをすっきりさせるだけでなく、暮らしを整え、家族関係を良好にし、人生に大きなプラスを与えてくれます。その片づけをケイスタイルが全力でサポートします。

https://kstyle-co.jp/

片づけに悩んでいるという方には、初回限定の「整理収納サービスお試しパック」がおすすめ! お申込み後は当日まで普段通りに過ごしていればOK。片づけのプロが希望の場所を整理収納します。所要時間は2.5時間で、料金は1万5000円(消費税・交通費別)。まずはお気軽にお問合せを!

プリントサービス

トロット

お気に入りの写真をしっかりと飾って使う

処分できないモノの代表格が写真。紙焼きした写真はもちろん、スマホで子どもの写真を撮っているうちにデータの容量がいっぱいに、なんてことも。せっかく撮った写真も死蔵していては宝の持ち腐れ。２５０円からフォトカードやフォトブックに加工してくれるサービスの「トロット」を活用すれば、お気に入りの写真をお蔵入りすることなく、手元に置くことが可能です。テンプレートのなかから好みのデザインを選ぶだけで美しいフォトブックやポストカードが仕上がるため、他社の印刷サービスで入稿形式がわからなかった方でも安心です。

https://tolot.com

カレンダーで1部250円～、フォトブックで500円～（税込・送料無料）とリーズナブルな価格設定のため気軽に利用可能。写真の大きさに合わせて美しいレイアウトを自動で作成してくれます。

ダビングサービス

なんでもダビング

アナログをデジタルに変えてスペースを確保

https://www.80210.com/dvd/

1本のビデオテープを1枚のDVDにダビングする「おまかせプラン」と日付やタイトルを入れたり残したい思い出だけをダビングする「こだわりプラン」を用意。基本料金1000円＋1本につき1500円～（税抜き）。

押入れの奥にビデオテープ、8ミリフィルム、カセットテープなど、もう再生機器を処分してせいで見られなくなってしまったアナログメディアをお持ちのご家庭も多いはず。かと言って思い出がたっぷり詰まったこれらのモノを処分するのはしのびない。「なんでもダビング」はそんなアナログメディアをDVDやCDにダビングしてくれるサービス。デジタルメディアであれば劣化の心配もなく、かさばるビデオテープは処分することが可能。ネットからの直接注文のほかパレットプラザや55ステーション、店舗の店頭での受付もおこなっています。

ポイントカード管理アプリ

Stocard

財布もスッキリさせつつポイントもしっかり貯める

※AppStoreもしくはGoogleplayでダウンロード

iOS9.0以降。iPhone、iPad、およびiPod touchに対応で、App Store内から無料でDL可能。またAndroidも端末によって対応している。また、一部店舗では使えない場合もあるので使用可能か確認したのちにカードを捨てたほうがベター。

あちこちで貰うポイントカードや会員証で財布のなかがパンパン。買い物をしても探すのが面倒で出さないこともしばしば。そんな人にオススメしたいのが「Stocard」というアプリ。バーコードつきの会員証やポイントカードをカメラで写すと高速スキャンし、自動で読み込んでくれます。あとはお店でアプリを開いて画面を見せるだけでカードの代わりになり、お持ちのカードをアプリ内に収納してくれる優れモノなのです。1800種類のカードプリセットが最初から用意してあり、コンビニや薬局など主要な店舗はほぼ網羅しています。

第5章

いま巷で話題の「収育」って何？

片づけができないのは、子どものせいじゃない

最近、セミナー・講演会や片づけの現場を通じて感じることは、片づけが苦手な子どもが増えているのではないかということです。

それもそのはず。私たちが子どもだった頃と社会の状況が全く変わっているから。安価で手に入りやすいモノが増えた一方で、そのモノを使う子どもの数は減少傾向。つまり、子どもひとりあたりの所有物の数が増えているんです。

それから、共働き家庭の増加や塾や習い事の増加などで、**大人が子どもに片づけのやり方を教える機会が減っている**のかもしれません。

冒頭（P．10）でも触れたように、一番最初に学校で教わることは自分のロッカーや机の中の整理整頓。つまり、**片づけとは平仮名や足し算よりも先に習う、学習の基礎**中の基礎なんです。

「収育」とは、**整理整頓や収納の力を伸ばすことによって、子どもの生きる力を伸ばす教育**の概念です。収育を通じて身の回りのモノを大切に使い、自分や周りの人たちが使いやすいように片づけができる子どもを育てること。その結果として期待できるのは「暮らしやすくて快適な空間を維持できる」という住環境のメリットだけではありません。

「自分のことは自分でやる」という自立心や、他者の気持ちにも配慮できる思いやりの心を育むこともできます。

また、収育を通じて親も子どもの自立を見守る姿勢を学ぶことができ、適切なタイミングで親離れと子離れができるコミュニケーションを促します。ひとりの社会人として生きていくために必要な力を伝えること。**収育は親から子へのかけがえのない贈り物**なんです。

次から具体的に収育の手順について説明しようと思います。

産まれる前：赤ちゃんを迎える準備をする

「収育っていつ頃から始めればいいの？」という質問をよくされるのですが、収育は子どもが産まれる前から始まります。

赤ちゃんを迎える準備を整えるマタニティ期は、今までの生活にはなかったモノが増える時期。出産が近づくにつれてベビー服やベビー用品など、赤ちゃんのお世話に必要なモノが家のなかに増えていきます。

また、ベビーベッドの置き場を確保するために模様替えの必要もあるかもしれません。

お母さんの人生でも一大イベントである出産を終えた産後の慌ただしい生活のなかで、夫婦で話し合いの時間を持つのは難しいでしょう。

比較的ゆとりのあるマタニティ期に、これから家族として一緒に暮らす赤ちゃんのための部屋づくりについて、夫婦で話し合い、準備をしっかり整えておきましょう。

赤ちゃんのお世話をスムーズにできる環境を事前に整えておけば、はじめての出産でも不安を減らすことができ、新しい家族を笑顔で迎えられるはずです。

私自身も新しい命を授かったことがわかってからは「子どもも大人も笑顔で過ごせる住環境づくり」に真剣に取り組むようになりました。

そう言うと大変そうに聞こえるかもしれませんが、出産準備は楽しいもの。ただ、ついあれもこれもと色々買ってしまいそうになりますが、モノが増えると片づけの手間が増えたり、ムダなモノが増えるだけだったりもします。

特にひとり目のお子さんを授かったご家庭は、**子育て経験者に話を聞きながら「本当に必要なモノは何？」と夫婦で話し合いをしたほうが良いでしょう**。

私も子育て経験者から「ベビーベッドはせっかく買っても子どもが好まない場合もある」と聞いたので、まずは近所の方から借りてみることにしました。ベビーベッドやベビーカーなど、大型の用品を買うかどうか迷ったとき、最近はベビー用品のレンタルも充実しているので、まずは借りてお試しするのがおすすめです。

ママの安全第一な部屋づくり

妊婦さんにとって毎日過ごす家の環境が安全であることは、母子ともに健康な出産へ臨むための重要な条件です。

お腹が大きくなっても家のなかを楽に動けるように、**家具と家具の間に十分な距離を確保**したり、**床の上や高いところにモノを置かない**ようにして転倒を防ぐなど、妊婦さんの安全に配慮してモノや家具の定位置を見直しましょう。

ベビーグッズの買い過ぎに注意。モノはほどほどが便利

ベビーグッズは産前に買い揃えておけば安心ですが、購入したものの実際には使わなかったというのもよくある話。ちなみに我が家でも子どもたちが粉ミルクをあまり飲まなかったので、調乳ポットはほとんど使いませんでした。モノが増え過ぎた結果、片づけの手間やモノを探す手間が増えると、産後のストレスにもつながります。

産前に準備するのは必要最低限に留め、産後に様子を見ながら追加するのがおすすめです。

赤ちゃんのいる暮らしを具体的にイメージ

新しい家族を迎える部屋づくりには、実際にどんな生活の変化があるのか具体的にイメージすることが大切です。たとえば授乳やオムツ替えをするときを想定し、**赤ちゃんのお世話をする場所を決めたり、その周辺にあると便利なモノをリストアップする**ことをおすすめします。新生児（身長50ｃｍ前後、体重３ｋｇ前後）に近い大きさのモノを持ちながら動いてみると、より具体的なイメージが湧くでしょう。

周りに手助けしてもらうための定位置設定

特に初産の場合は、赤ちゃんのお世話になれるまでが大変。産後しばらくは親や親戚、友人に子育てのサポートをしてもらう人も多いでしょう。その際には手伝いをしやすい環境を整えておくことが大切。どこに何があるかわからない住環境では、手助けをしたくてもできないものです。

赤ちゃんのお世話に必要なモノが誰にとってもわかりやすく取り出しやすいように定位置を決めておけば、周囲の人も気持ちよく手伝ってくれるはずです。

乳児期：家族が増えた喜びを感じられる暮らしをつくる

「夜泣きで眠れない」「思うように家事ができない」など、育児に関するストレスが出てくるのがこの時期。

また、いっぽうでベビー服や抱っこ紐など、赤ちゃんの成長に合わせて必要なモノがドンドン増えていくのもこの時期です。慣れない育児のなかで「必要なモノがすぐに取り出せない」や「片づけるのが大変」といったストレスまで加わると、ますますイライラが募ります。

よく使うモノの収納場所は家族全員で共有し、「棚に置くだけ」「箱に入れるだけ」など、**モノの出し入れのアクションを減らす**ことで、少しでも片づけにまつわる労力を節約しましょう。

ストック品は適正な量で

オムツやおしり拭き、ミルクなど、赤ちゃんのお世話をするための用品にはまとめ買いしておきたいモノもたくさんあります。ただし、必要以上にストックしすぎると家の収納スペースから溢れて育児の妨げになることも。

先日お伺いした片づけの現場で、ウェットティッシュがわりにおしり拭きを利用しているお宅がありました。話を聞くと、お子様が小学生になったのに、いまだストックしていたおしり拭きが大量に残っているとのことでした。

まとめ買いは**一ヶ月で使い切る量を把握したうえで、適正量を意識しながらストック**するようにしましょう。

はじめてのお片づけは、マネっこ遊びから

子どもは遊びのなかから様々なことを学びます。**片づけを覚える第一歩も、遊びの一環として伝えていきましょう。**

たとえば、箱の中に玩具を入れる。これだけでも立派な片づけのマネっこ遊びです。「赤いものは赤い入り口」「丸いものは丸い入り口」など、色や形で区別しながらモノの出し入れを楽しめる玩具を使うのも良いでしょう。

そして大事なのは、これは片づけに重要な〝分ける〟という要素が含まれているということを親が理解した上で、**笑顔で楽しくやってみせる**こと。片づけに苦手意識を持たないように、散らかしても叱ったり嫌な顔をせず、子どもが楽しく遊びながら片づけを学べるように心がけましょう。

幼児期：そろそろ「自分のモノ」を意識する頃

保育園や幼稚園で集団生活がスタートするこの時期は、通園のための着替えやタ

オルなど、子ども自身が持ち運ぶモノが増えます。

友達の持ち物と自分の持ち物を区別できるようになるのもこの時期。そのため、**モノの管理や片づけの方法を伝えて意識させるチャンス**です。

「出したら、もどす」を楽しく伝える

この時期の子どもは大好きな玩具で遊ぶのに夢中。遊んだ後の玩具が部屋中に散乱していると、ついつい**「片づけなさい！」と声を荒げてしまいがち**ですが、子どもは片づけの方法がまだわかっていないだけ。

むやみに怒ってしまうと、子どもは片づけに対してネガティブな印象をもってしまいかねません。まずは「出したら、もどす」というシンプルな方法を伝えて、一緒に取り組むことからはじめてみましょう。

ポイントは笑顔で一緒に片づけを楽しむこと。また、家のなかに子ども専用の遊びスペースを作ると「玩具を広げていい場所」や「自分が片づける場所」がわかりやすくなります。

モノの区別と「もどす」を覚えたら、次のステップへ

次の片づけの基本行動として「分けて、もどす」を覚えるステップへ。なるべく子どもにとってわかりやすいように「ブロックを入れる箱にはブロックのイラストや写真を貼る」など、**見てわかるラベリングを活用するのもおすすめ。**

そしてもう1つポイントがあります。それは玩具箱をもどす場所にもラベリングすること。たくさん玩具箱を出して遊んだあとも、もどす場所がすぐにわかります。子どもがきちんと**「分けて、もどす」ができたら、タイミングを逃さずに褒める**ことを心がけましょう。

小学生：自分のモノを大切に扱えるように

小学校入学にともなって、曜日ごとに異なる学習用品をランドセルに入れて準備し、帰宅後には整理する必要が出てきます。また、環境とモノの急激な変化に子どもが戸惑わないように、親のサポートが必要なのもこの時期です。

自分の持ちモノと友達の持ちモノ、学校のモノの区別ができるようになるに従い、「自分にとっての宝物」という特定のモノに対するこだわりも生まれてきます。

親としては、このタイミングでモノを大切にする姿勢を伝えたいところです。

学校、遊び、習い事など、用途別にモノのエリアを決める

小学校の入学とともに子ども部屋を与えるご家庭も少なくありません。子どもにとって自分専用の部屋ができて嬉しい一方で、学用品、遊び道具、習い事で使う道具など扱うモノが増えて、片づけに戸惑いが生じる時期です。

ここでは片づけには順番があることをしっかり伝え、片づけの基本となる「出す→分ける→しまう」を一緒にすることを心がけてください。

まずは「学校」「遊び」「習い事」といった用途別に収納するスペースを親が設定してあげて、ここにしまえばＯＫという正解を示してあげましょう。

引き出しからはじめる、子どもの自立

小学校3－4年生になってくると、そろそろ親と一緒に片づけするのではなく、**ひとりで自分の身の回りのモノの管理ができるようになってほしい時期。**

とはいえ、子ども部屋全体を子どもだけで管理するのはまだ難しいはず。まずは**小さなスペースから自分ひとりで管理できるように練習**をするのがベターです。

まず引き出しの中身を全部出して、出したモノを「使っているモノ」と「使っていないモノ」に分けます。使っているモノのなかでも使用頻度の高いモノは引き出しの手前に置くようにし、使っていないモノは手放すかどうか一緒に考えるなど、**なるべく親は手を出さず、アドバイス**を中心に心がけましょう。

「優先順位」を意識づけ、片づけのメリットを実感させる

片づけの練習を繰り返すうちに、子どもは「よく使うモノ」や「あまり使わない

モノ」など、モノに優先順位をつけることを覚えていきます。

よく使うモノは何で、どこにしまうと使いやすいのか。片づけの仕方によってモノの使いやすさや快適さが変わることを子どもが理解できれば、積極的に片づけをやってくれるようになります。

「使いやすい片づけ」を通じて、他者への思いやりを学ぶ

小学校3－4年までに「出す→分ける→しまう」という片づけの基本を身につけることができたら、次は使いやすさを意識した片づけを学ぶ段階です。

「自分にとっての使いやすさ」を考える習慣がつけば、片づけだけでなく生活全般での無駄を省くことができ、学習の効率も高まります。

また友達とだけで遊びに行ったり、塾に通ったりと子どもの行動範囲が広がる時期です。家族や友達、ひいては社会全体へと「みんなが使うモノ」への心配りが、自分だけでなく他人のことも思いやる心を育みます。

「みんなが使う」を意識した片づけ

高学年になると、**モノに対する公共心を養う必要性が高まります**。たとえば、図書館で借りた本を失くさないように大切に扱うことや、体育や図工の用具を次のクラスが使いやすいように片づけるなど、「自分のモノを大切に扱う」から**「みんなが使うモノだから大切にする」という意識へと発展**させていきましょう。

ここまで紹介したのは乳児から小学校卒業までの収育です。小学校までの段階で片づけの基本である「出す→分ける→しまう」を学んだあと、中高生になると「予算に応じて模様替えをする」。社会人になったときは「ひとりでも暮らせる家事力を身につける」など。**ライフステージに応じて片づけとの関わり方は成長していくべきもの**です。

収育で学んだ片づけの習慣を身につけた子どもが親になり、また次の世代の子どもたちへ伝えていくこと。

それこそが収育の最終段階です。

第６章

収育を行っているお宅におじゃましました！

家の中を徹底的に「収育」環境へ

小島さん宅の場合

小島弘章さん。本書の著者であり、(一社）日本収納検定協会の代表理事。家庭では一男一女の父であり、片づけの技術を応用した育児を実践中。https://shu-ken.or.jp/

リビング学習の環境を整えながら収育を

リビング学習の環境を整えながら収育を通じて子どもの整理判断力や自立心を養いつつ、大人も快適に過ごせる家づくりを目指しましょう。

収育はリビングや学習机だけでなく、玄関から洗面所、クローゼットまで自宅のあらゆるところに取り入れることができます。まずは私の自宅で実践している収育の工夫をご紹介したいと思います。

心がけておくポイントは、片づけが苦手な子どもを安易に叱るのではなく「どうすれば片づけがしやすいか」を一編に考えることです。

玄関まわり

玄関はおうちの顔です。
しかし靴が溢れて傘が散乱し、
子どものランドセルは投げっぱなし、
なんてご家庭もあるのでは？
まず玄関の収育から見ていきましょう！

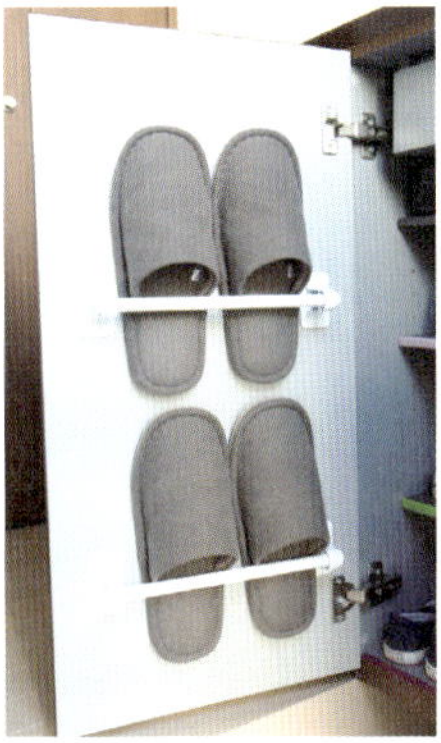

シューズボックスの扉裏をスリッパ収納に

シューズボックスの奥行きは約35cm、棚板は約30cm。この5cmの隙間に粘着タオルかけをつけ、スリッパを収納できるようにしました。ホコリも気になりません。

マスキングテープでカラー別収納

パパがブルー、ママがピンク、兄がグリーン、妹がローズとパーソナルカラーを決め、マスキングテープでカラー別収納をしています。自分の靴をどこにもどすか、すぐにわかります。

シューズボックスは身長に合わせた人別収納

一番低いところから、妹、兄、、ママ、パパの順。子どもが自分で靴をもどせるように工夫しています。

あしあとシールを使って靴を揃える習慣づくり

たたきにあしあとシールを貼って「お兄ちゃんはグリーンに、妹はローズのところ」と伝えれば、遊び感覚で靴を揃えるように。

少しの工夫で子どもにもわかりやすく

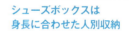

使う場所に使うモノの定位置を作るべし

「モノはモノを呼ぶ！」モノを置きやすい高さに注意

子どもの自転車用ヘルメットは玄関脇に壁面収納。シューズラックの上は高さ的にモノを置きやすい場所。収納方法を工夫して、モノを置かないルールを作りましょう。

鍵の場所を決めれば家族の在宅状況もわかる

鍵は定位置を決めないと失くしがち。靴箱の扉に専用の鍵置きを作れば、紛失の心配もなく家族が外出してるか否かも一目瞭然。

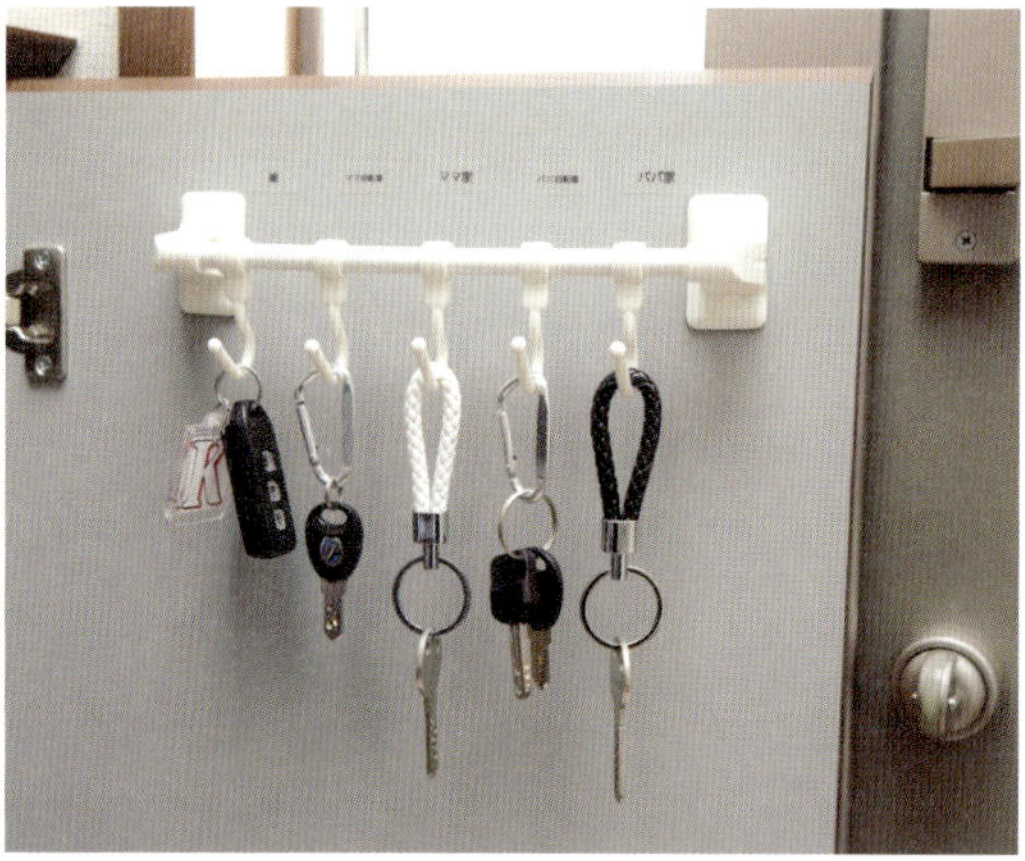

なくなりがちな小物は定位置を作って紛失予防

歯ブラシスタンドで印かん置き場を設置。宅配物の受け取りの際、わざわざ家の中へ取りにいく面倒もなくなります。

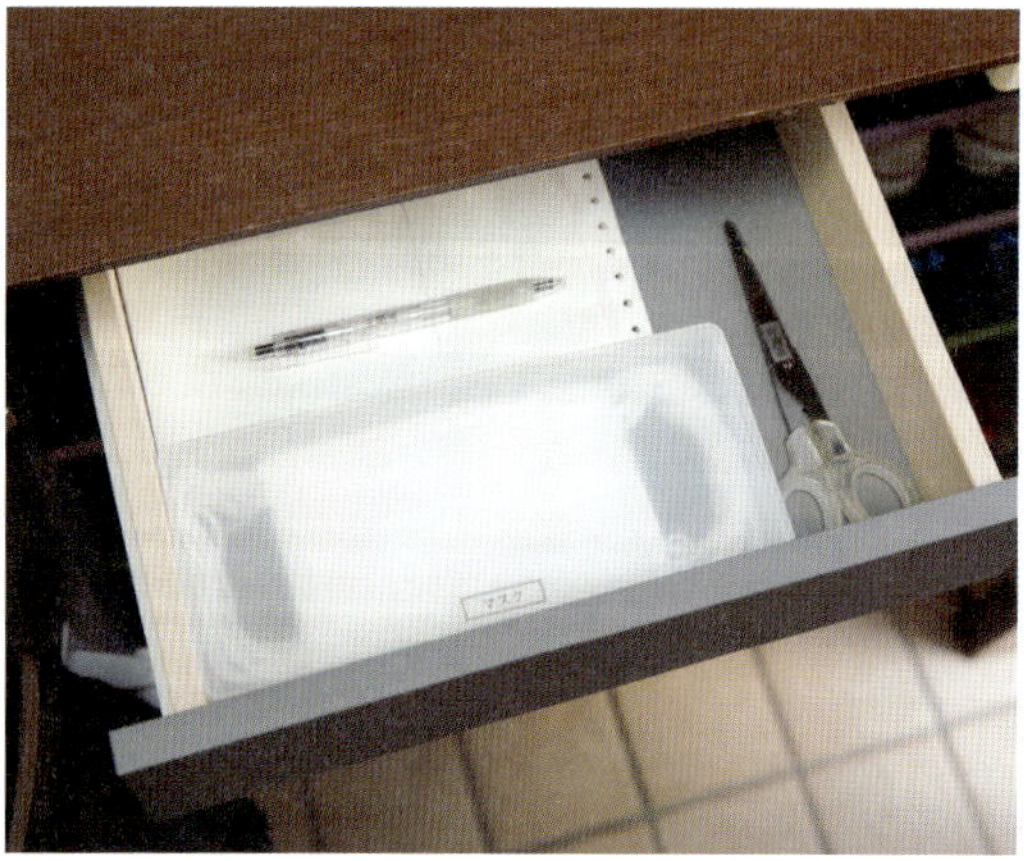

送り状用のボールペンも玄関の引き出しに

郵便物を開封するためのハサミや風邪予防のためのマスク、宅配便の送り状やボールペンも玄関の引き出しに。使う場所＝使うモノは収納の基本です。

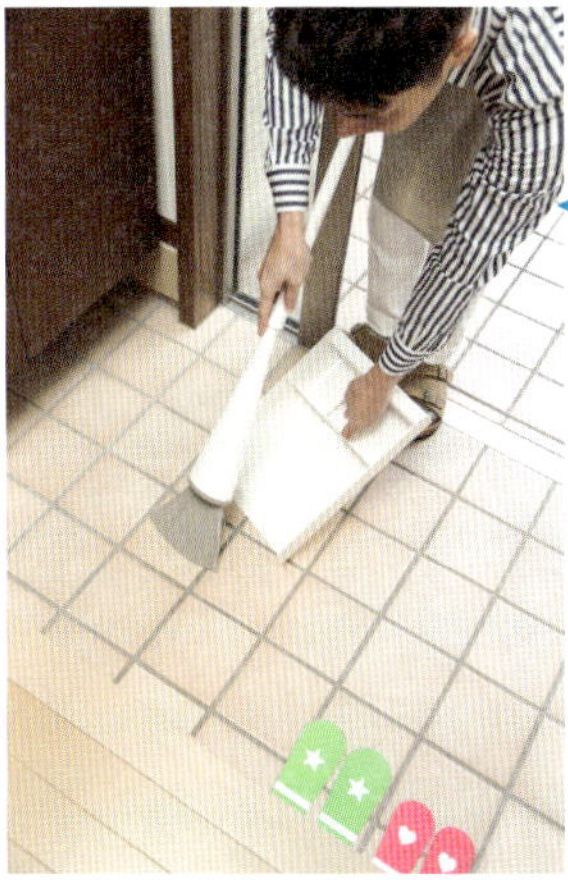

ささっと掃除に便利な立つほうき＆ちりとり

玄関の掃除にオススメなのがカインズの立つほうき＆立つちりとり。使いたいときにすぐ使え、玄関脇にスマート収納。

おうちの顔を収育テクで美しく

玄関の傘を見れば家の片づき具合がわかる

モノが散乱しているお宅ほど、傘立てがパンパンに。傘の適正量は家族の人数×1.5を基本に、増えすぎないようご注意を。

衣類の収納

「あの服が着たいのに見つからない」
という瞬間があればあるほど、
ストレスも溜まるうえに
クローゼットも散らかりがち。
ほんの少しの工夫で改善可能です。

子どもの服

絵と文字を使って
収納場所をわかりやすく

「ママやパパしかわからない」ままでは、いつまでもお手伝いはムリ。子どもの年齢に合わせたラベリングで収納場所の明示を。

きれいをキープするコツは
縦型収納

重ねて置くと下にあるモノがわかりづらく、取り出す際にぐちゃぐちゃになってしまいます。縦型収納にすると出し入れも簡単できれいをキープできます。

大人の服

引き出しの入れ替えで簡単衣替え

大人の畳む衣類は、ラベリングと半透明の衣装ケースで何がどこにあるのか一目瞭然！ 上段と下段の引き出しを入れ替えれば、簡単に衣替えが完了！ 一番上の引き出しには、使用頻度の低いモノを収納。

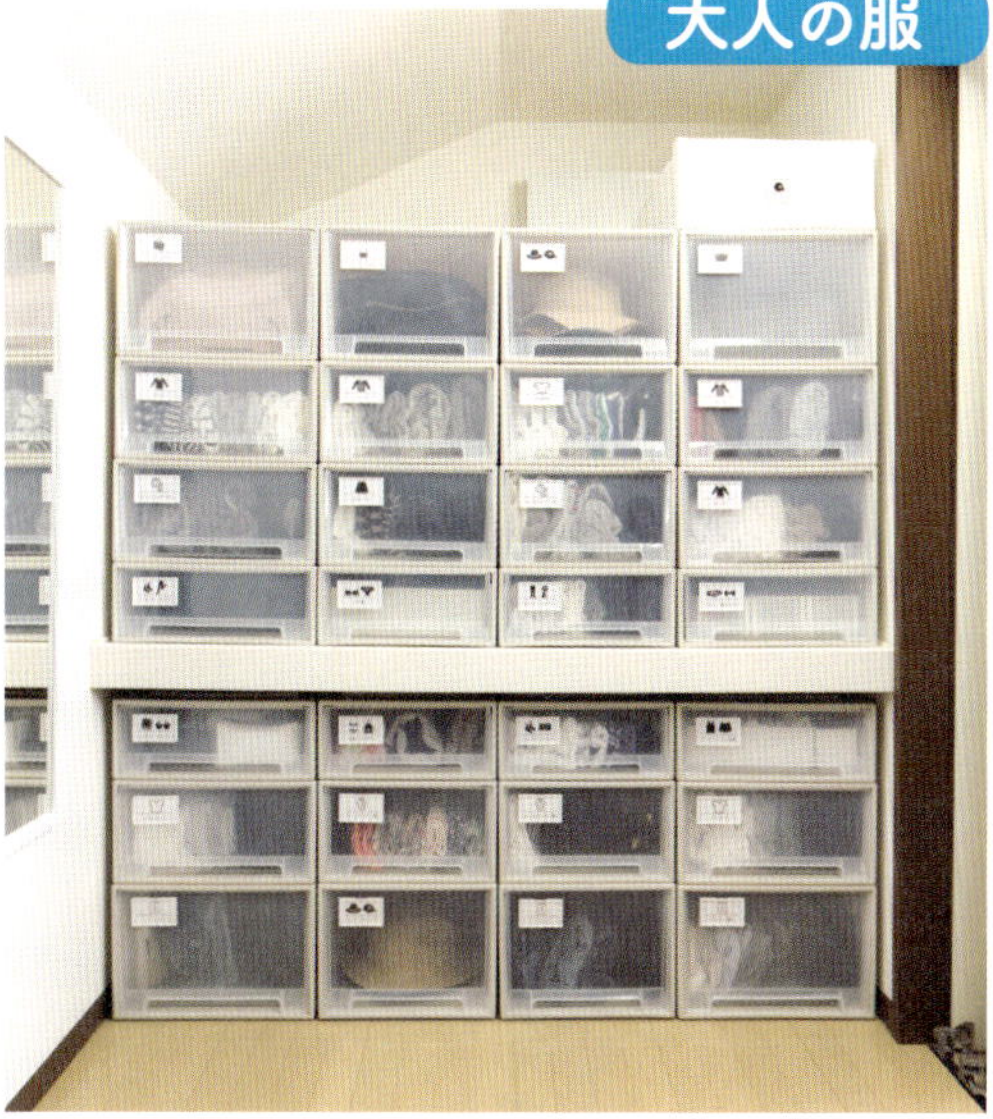

ほしい服がすぐ見つかる縦型＆グラデ収納

白→黒のグラデーションに縦型収納すれば、見た目もキレイでどこに何があるか一目でわかります。

衣類のオンオフを区別して衣替えも簡単

オフシーズンの衣類も入れ替えれば衣替えが完了する仕組み。季節ごとに適正量の見直しもお忘れなく。

ハンガーの数でかける服の量を決める

同じブランドの「シンコハンガー」で揃えることで見た目もすっきり！ サイズチップをつけて、ピンクはママ用、ブルーはパパ用と区別。

子ども部屋

リビング学習を実践していくなかで、子どもが自分の部屋を望むタイミングがくれば、スペースの準備を考えましょう。使わない子ども部屋は家賃の無駄使いになる可能性も。かける服は小学校に進学するタイミングで、子どもでも手が届く位置に変更予定です。

暮らしに必要なモノをまとめて管理

左が長男用、右が長女用のクローゼット。それぞれに収納場所をつくることで片づけとモノの管理について学べるようにしています。

遊びの玩具は反対側にまとめる

玩具類はクローゼットと一緒にせず、「遊ぶ」と「学ぶ」を分けやすいように、部屋の反対側にまとめて収納しています。

ラベリングをすることで「分ける」と「もどす」がスムーズに

しまうボックスともどす場所にラベリング

玩具箱ともどす場所の2カ所にラベリングすることで、遊びに来てくれたママ友からも「片づけを手伝いやすい」と好評です。

玩具のクルマには駐車場を作りました

白のマスキングテープを車の大きさに合わせて四角く貼るだけで駐車場の完成。クルマを停める感覚で遊びながらきちんと片づけしてくれるようになりました。

「子ども部屋」の片づけと管理を通じてモノの大切さを学ぶ

子どもの意見を聞いて一緒にしまい方を考える

着せ変えロボットは種類ごとに分類してたのですが、「こっちの方が遊びやすい」と長男の発案でパーツごとに分類して収納しています。

リビング

人が集まる場所ゆえに
モノも集まるのがリビングです。
しかも一般的に収納が少ないのも
リビングならではの特徴。
効率的な収納を目指しましょう。

収納ボックスを揃えて すっきりと見せる

収納ボックスの色や素材が揃っているとスッキリと見えるもの。できれば同じブランドの同じシリーズで統一することをオススメします。

収納するモノの大きさに 合わせた仕切りを

指輪、イヤリング、ネックレスなどを一緒に入れるともつれて取り出しにくい。linke-itのシステムトレーでモノの大きさにより小分け収納。

必要な書類は 出し入れしやすい場所にまとめる

幼稚園のプリント類は兄妹で分け、さらにクリアファイルで用途別収納。書類の着地点はシューズラックやテーブルの上ではなく、この場所になるよう心がけることが大切です。

ストックモノの 買い過ぎ注意

家の中にモノを置くだけでも実はコストがかかっています。電池や電球、洗剤やトイレットペーパーなどの買い過ぎには注意しましょう。

収納が少ないリビングでも工夫次第で快適に

すっきりとしたゴミ箱でリビングの環境を保つ

like-itのゴミ箱「シールズ25」はゴミ袋が表に出ないため、リビングでも見栄え良し。薄型で邪魔にならず屈まなくて良い高さも魅力です。

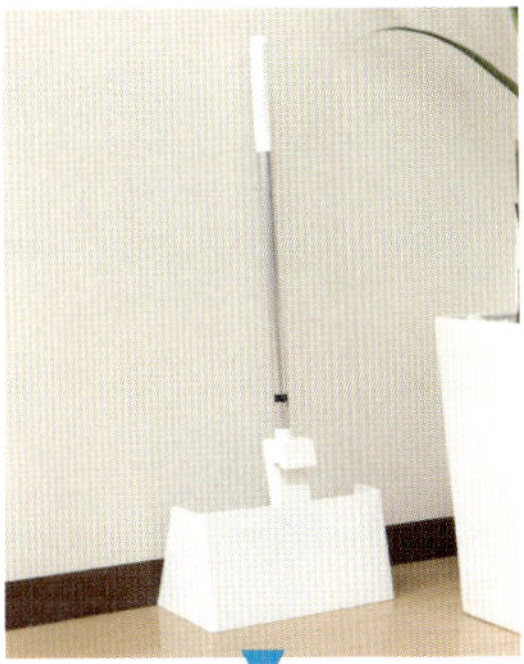

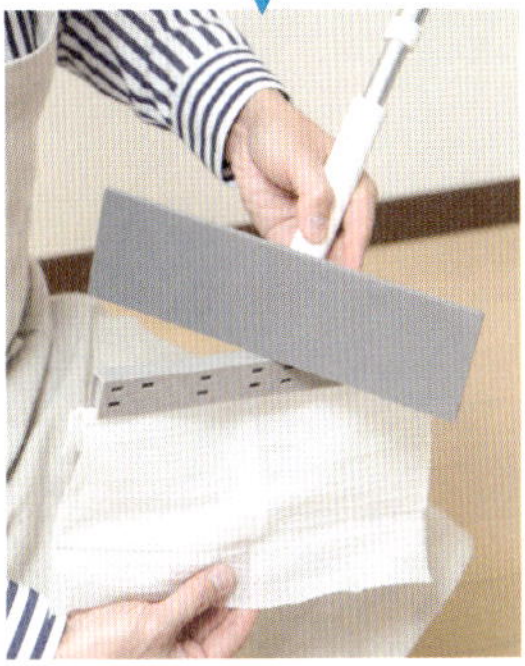

コンパクトな掃除用具でいつも美しい環境に

カインズの掃除用品で、フローリング用ワイパーとちりとり兼スタンドのセット。掃除シートの表裏の交換が簡単にできる優れモノです。

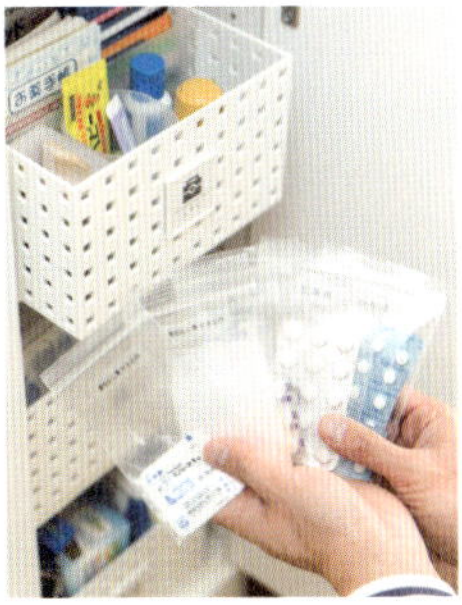

処方薬は中身がわかるチャック付きポリ袋に

処方薬は中身がひと目でわかるチャック付きポリ袋に。さらに商品名をラベリングして縦型収納すれば、すぐに取り出せます。

キッチン

家の中で最も細かなアイテムが多く、しかも毎日使う場所。それがキッチンです。言い換えるとキッチンの片づけの出来不出来で暮らしの満足度が大きく変わる場所でもあります。

縦型収納が
料理上手への近道

よく使うフライパンや鍋をカインズの「スキット」で縦型収納。出し入れ簡単で料理をするのが楽しくなります。

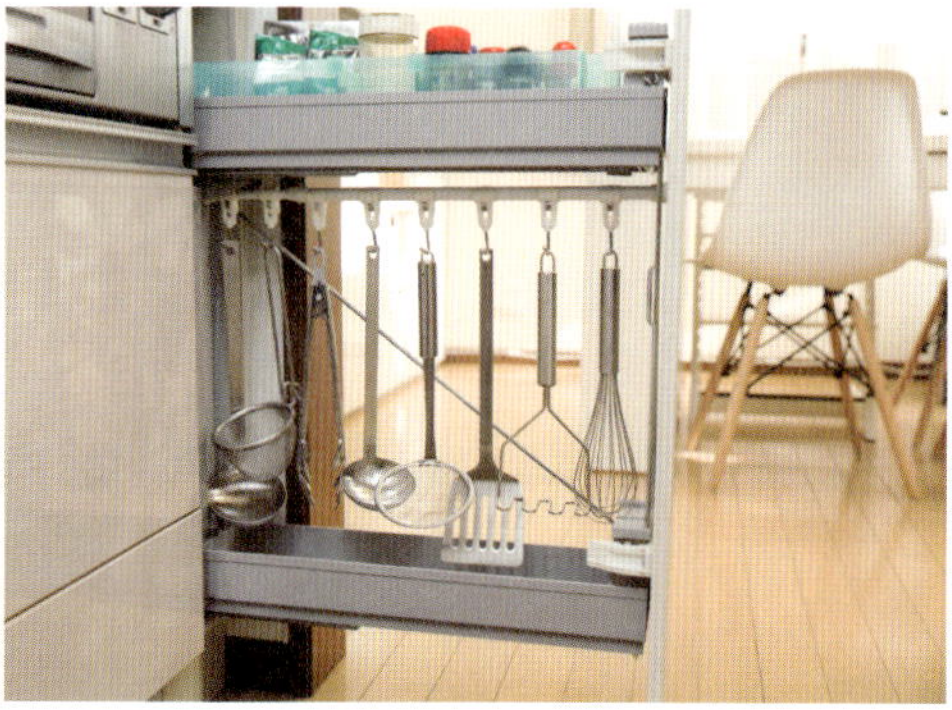

調味料ストッカーを
吊り下げ収納に

小島家ではあまり使わなかった調味料用ストッカーの中段を外し、つっぱり棒とクリップフックでよく使うおたまやフライ返しを吊り下げ収納に。

死蔵している調理器具はないか定期的にチェックを

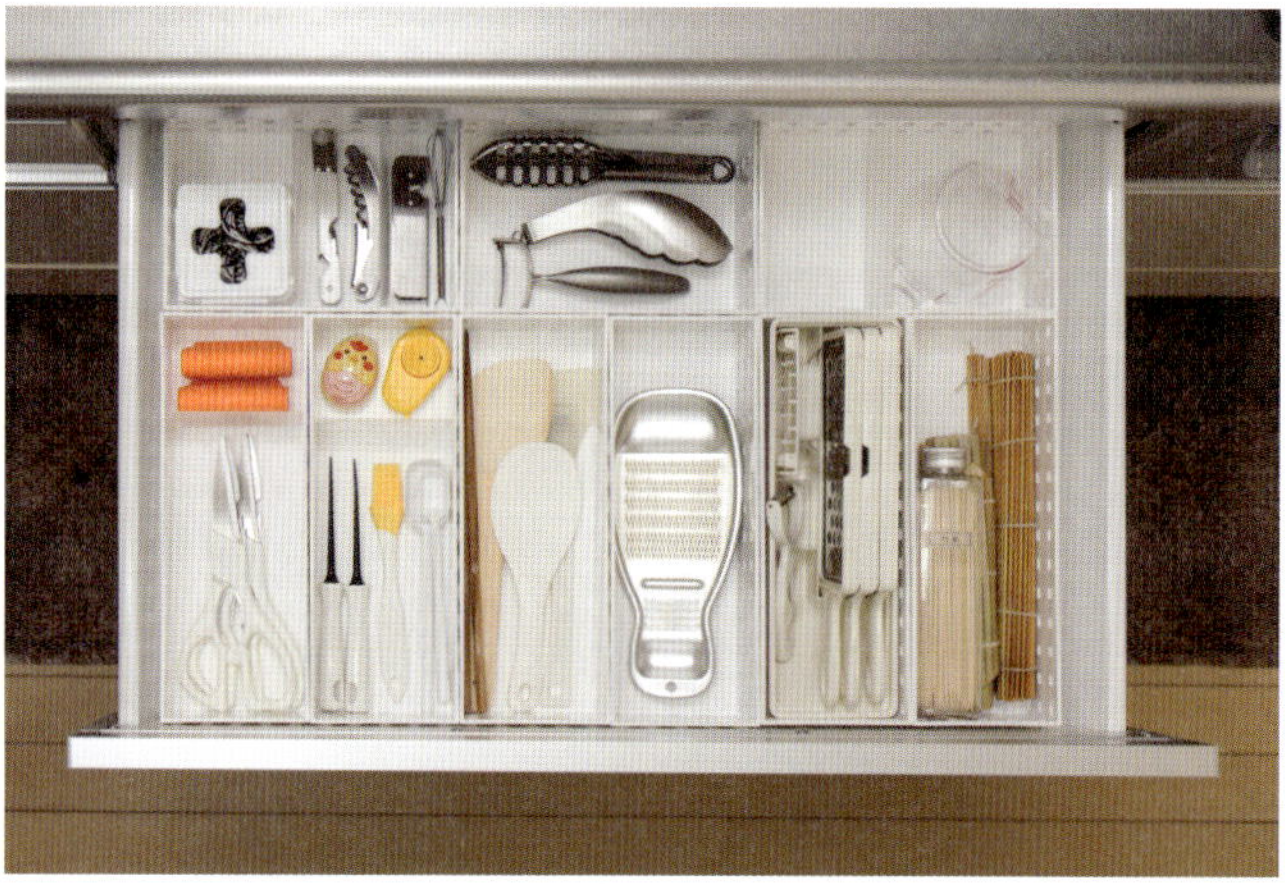

キッチンの引き出しは
使うモノだけを厳選

刃物や尖ったモノの多いキッチンで重ね置きしていると使いにくくて危険。必要なモノだけを厳選してしまうようにしましょう。

適材適所の収納で生活動線をすっきり

使う場所に使うモノを置くのが収納の基本。コンロの下にはフライパンや鍋などの火を使うモノ、調理台の下には調理器具や調味料などの調理で使うモノ、シンクの下にはザルやボールなどの水を使うモノを。

ラップやホイルも縦型収納で使いやすく

ラップやアルミホイルなどは調理台下の引き出しの手前側に縦型収納。引き出しを少し開ければ簡単に出し入れできます。

ストッカーや収納ボックスを活用上からひと目でわかる工夫を

調味料はOXOの「ポップアップコンテナ」を活用してすっきり。片手で簡単に開閉できるので、調理中も便利です。

バスルーム

清潔なお風呂じゃないと
1日の疲れが落ちないもの。
すっきりとした収納を心がければ
毎日の掃除も簡単に済ませられて
清潔感を保つことが可能です。

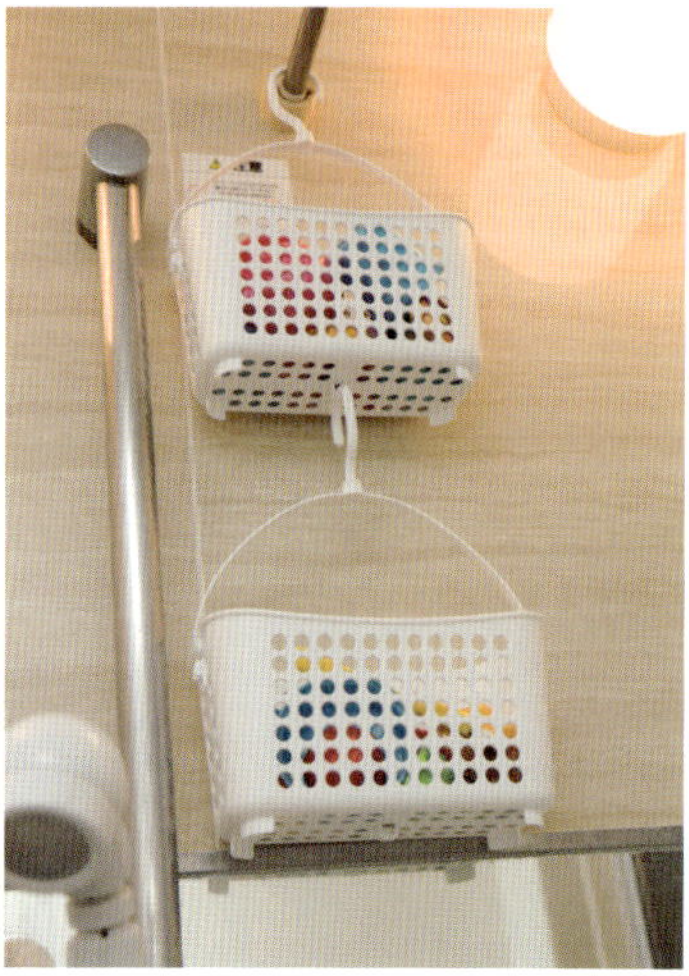

**洗濯バサミ入れを
連結活用**

セリアのピンチバスケットは連結することが可能で水も溜まらないため、収納容量の確保に役立ちます。

**歯磨き粉や洗顔フォームは
壁面収納で管理**

歯磨き粉や洗顔フォームなどをいちいち移動させて掃除するのは面倒。ならば100円グッズの簡単壁面収納がおすすめ。

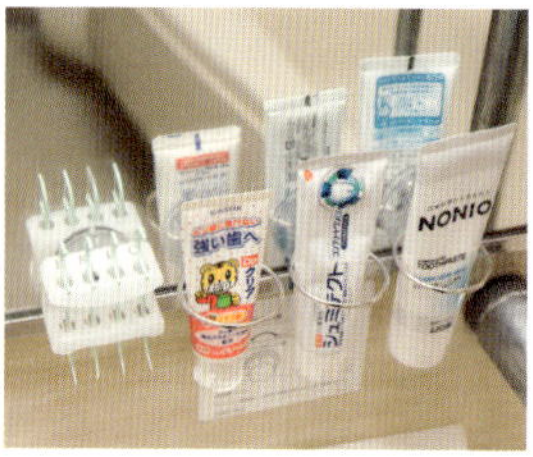

壁面収納なら
汚れにくくて
掃除も簡単

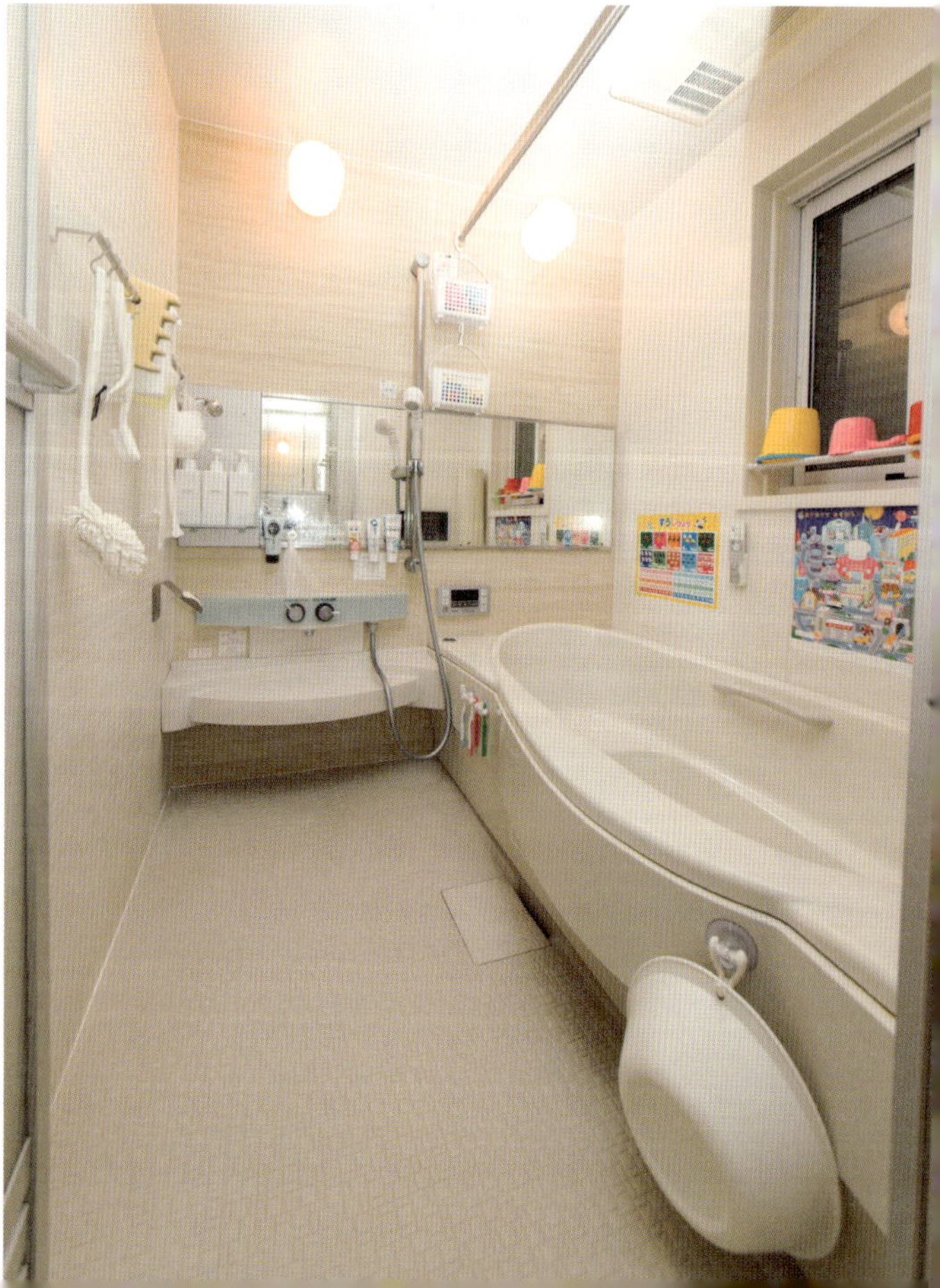

**掃除しやすいお風呂は
床にモノがない**

床にモノを置かないのがバスルーム収納の基本。壁面収納なら掃除もしやすく、水切れも良いためカビも発生しにくいんです。

デッドスペースを活用して容量UP

我が家は洗面所が狭いため、パウダールームの上につっぱり棚で収納を追加。高い場所なので取っ手つきのプラカゴに私の下着や靴下を収納しています。

洗濯バサミ入れを子どもの玩具入れに

直置きでは汚れやすく、お風呂掃除の妨げにもなる子どもの玩具をセリアのピンチバスケットに収納。水切れもよく、清潔を保てます。

コンパクトな洗面所にアイデアで収納容量をプラス

モノを小分けにして収納をしやすく

配管のせいで使いにくい洗面所下の収納も、用途別に分けてカインズの「スキット」を階段状に活用すれば、どこに何があるかひと目でわかります。

要所要所で自然に「収育」を

村田さん宅の場合

村田愛美さん。整理収納アドバイザー1級を取得後、収育指導士も取得。現在は講師として「こども収検」も開催。

子どもが自主的に片づける仕組み溢れるインテリア

もともと片づけが苦手だったという村田さん。子どもができたことをきっかけに一念発起し、片づけについて本格的に勉強して理想的な収育環境を作り上げたそう。

「結婚したときにこの家を手に入れ、その2年後に長女が誕生しました。家を買ったときは子どものいる生活を想像していなかったため、長女ができてから少しずつ工夫を重ねています」

今でも散らかっていたときの写真を手元に残しておいて自戒しているという村田さん。次女もだんだんお片づけの大切さを学びつつあるそうです。

リビング

村田家ではリビング学習を実践中。
収育とリビング学習の工夫を
組み合わせることで、
子どもの可能性を伸ばしながら
来客時でも慌てることがない環境に。

勉強に集中できて片づけも学べる収育リビング

勉強に集中できる明るいダイニング

キッチンカウンターから子どもの学習を見守れるよう、ダイニングテーブルを勉強場所に。長女用、次女用、共用物と、それぞれ仕分けして収納しているそうです。

お弁当用のモノはキッチンの引き出しに

忙しい朝のお弁当作りが少しでも楽になるよう、キッチンの引き出しを次女のお弁当用のモノの収納にあてています。「動線がなるべく短くなるように心がけています」

子どもも喜ぶすっきりとしたリビングづくり

子どもの作品を保存しつつ見栄えも良く

次女の作った折り紙や絵は、キッチンの戸棚裏に掲示。「貼るスペースがなくなったらどれかを処分して、新しいモノを貼るように伝えています」。

よく使うコップ類は見せる収納で使いやすく

コップなど使用頻度の高いモノは、取り出しやすい場所に置くことで使い勝手も向上。この高さなら次女でも手が届きます。

子どもの作品は大事ボックスに

子どもが成長するにつれて増えていくお絵かきや工作物。作品用の保管ボックスを用意し、定期的に「使っているor使っていない」の仕分けをすることで収育にも繋がります。

インテリアと リビング学習と 収育を兼ねる

インテリアも兼ねた アルファベットの勉強

オシャレなデザインのアルファベットの表を子どもの目につく高さに貼り、子どもが興味を持った時に教えれば、驚くほど知識の吸収も早いもの。

プリント類は見やすく 目立たない位置に

ゴミ出しの日程表や学校のプリントなどは家族からは見やすくてリビングからは目立たない位置の壁にまとめて掲示。取り替えやすいようマグネットを活用しています。

時間割りは、子ども部屋の机の上に

学校の準備は学習机でおこなうため、机の上には時間割りをわかりやすい位置にレイアウト。造花を飾って子ども部屋らしい雰囲気にしています。

勉強や仕事の道具を リビングにまとめる

勉強の道具や仕事の書類は引き出し式の書類ケースにラベリングして管理。ママやパパだけでなく家族全員が収納場所を把握していることが、収育の目標のひとつでもあります。

子ども部屋

年齢の近い姉妹がいる村田家。
そのため子どもがリビングで
元気一杯に遊ぶと大変なことに。
子ども部屋を遊びの場専用にして
のびのび遊べるようにしています。

叱るよりも仕組み作り
クルマの駐車場

玩具のクルマは駐車場を作って管理。「叱っても意味はありませんでしたが、仕組みを作ることで子どもが自主的にやってくれるようになりました」

遊びの場所は
カラフルでポップに

玩具をしまう場所は壁紙の色を変えてポップに。村田家ではピンクは姉、紫は妹という風に色分けで分類していますが、それに合わせて壁紙もピンクと紫に。

子ども部屋は遊び場所だけとして使う

勉強の場所は
シンプルに

学習机を置いた一角は壁紙を変えずに白でシンプルに。これなら子どもが成長して自室学習になったときも、集中して勉強できそうです。

玩具も子ども自身が片づけられる工夫

子ども部屋は遊びの場所に

姉妹で一緒に遊ぶ場所として子ども部屋を活用中。「学ぶ」と「遊ぶ」を仕分けしつつ、子どもが遊んでもリビングが散らからないというメリットもあります。

思い出の品をリメイクして飾る

小さい頃のおくるみをリメイクしてガーランドを製作。「思い出があって処分しにくいモノも実用品として残せるよう、リメイクしてみました」と村田さん。

学校関連のモノは学習机にまとめて管理

リビング学習を実践しているため、子ども部屋の机はランドセルや学校の制服を置くための場所として活用中。学校の準備もここでおこないます。

写真を貼って玩具を仕分け

玩具箱は中に入れるモノを写真に撮って貼り、ラベリングしています。誰が見ても何を入れればいいかすぐにわかるため、友達が来た時も散らかりません。

衣類と玄関の収納

年齢の近い姉妹がいる村田家では、
収育することによって
姉妹で一緒に片づけ力を伸ばし中。
お姉ちゃんがキチンと片づけるように
妹を指導したりと自主性も身につきます。

姉妹で指摘しあって自然と片づけができる子に育つ

姉妹で色を決めて収納場所を管理

長女はピンク、次女は紫とパーソナルカラーを決めて、それぞれの場所を管理しているそう。長女の棚は上に、次女の棚は下にレイアウトしているのもポイントです。

子どもの身長に合わせて収納

クローゼットのハンガーパイプも2段にすることで子どもでも手が届きやすい高さにしつつ、容量もアップ。つっぱり棒とS字フックを活用してちょうど良い高さに調整。

伝言版としておしゃれな黒板を活用

玄関脇の棚には黒板を置いて伝言版として使用中。インテリアにもマッチしつつ、家族のコミュニケーションにも役立ちます。

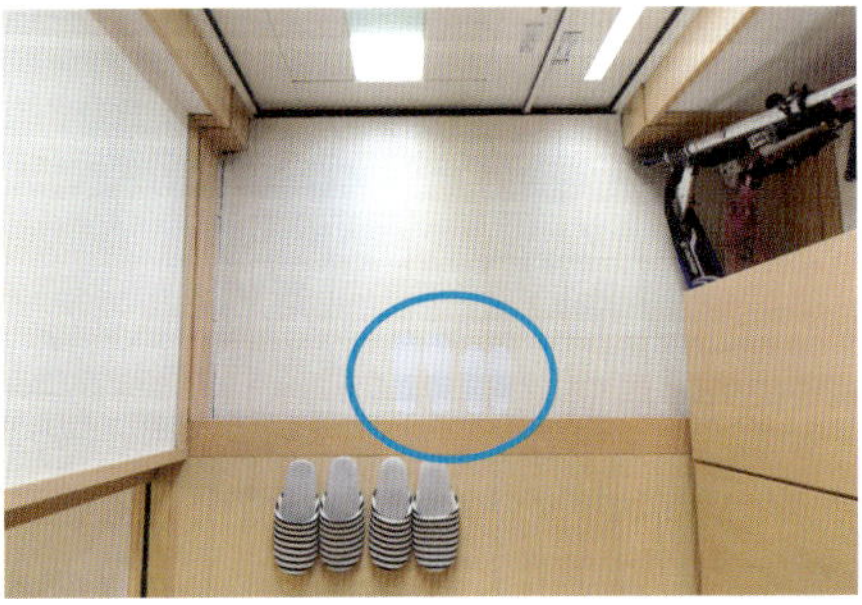

靴の脱ぎ場所もあしあとシールで管理

あしあとシールを貼って長女と次女の靴を管理。ホワイトのシールにすることでシンプルに収育を実践することが可能です。

あとがき

私が収納王子コジマジックとして片づけのプロになって、ちょうど10年が経ちました。その間に、片づけに関する考え方も少しずつ変わってきたこともあれば、変わらないこともあります。

片づけに関する考え方が変わった理由のひとつが、私自身が親になったことでしょう。今まで片づけを指南してきた中で、悩みを抱えている多くは**子どもを持つお母さんお父さん**でした。実際に私も親となり、やっと同じ目線から片づけを捉えられるようになったように思います。

子どもは可愛くて、何にも代えがたい大事な存在です。だけどその一方で、どれだけ言葉で伝えようとしても分かってくれなくて、もどかしい思いをしたことがたくさんあります。子どもなんですから、当たり前ですよね。

子どもが勉強を好きになるために、親ができること

片づけのプロとしての経験と育児に参加して得た経験をもとに、子どもが自発的に勉強をしつつ、身の回りの片づけができるようになる環境づくりや考え方の方法をまとめたのが本書です。

思い起こせば、私も母から同じように片づけについて教えてもらいました。子どもの頃は気づかなかったけれど、私の母は若くして兄と私を出産したので、あまり裕福ではなかったと思います。

狭いアパートの一階に住んでいて、共働きで元気いっぱいの男の子がふたり。家の中が散らかり放題になっても仕方のない状況だったかもしれません。しかし、そんななかでも母は快適に暮らすための方法を常に考えていたように思います。

その工夫のひとつが、私たちが玩具を散らかしたときに「どっちが早く片づけられるか、ヨーイドン!!」という具合に、片づけそのものをゲームとして遊び感覚で伝えてくれたこと。

母は片づけ好きな人ですが、それを全て自分でやれるような環境ではなかったのでしょう。母のおかげもあって、私は片づけに対して嫌な印象を持たずに育つことができたと思います。

片づけ上手になれば、人生が変わる

片づけのポジティブな側面は本書のなかで繰り返し説明をしてきました。快適な環境で暮らせること、余計なモノを買わずにお金の節約になること、いちいちモノを探さず、時間の節約につながること。

さらに子どもができてからは、リビング学習と片づけによって子どもの成績を伸ばすことができると確信するようになりました。

普段の暮らしのなかで、片づけによって生まれたポジティブなことが少しずつ積み重なっていけば、人生が良い方向に進むと信じています。

なぜなら、私自身もそうだったからです。

もともと私は漫才師として芸歴をスタートして、大阪ではデビュー5年目から漫才の新人賞を総ナメにするほど順調でした。しかし、大阪のレギュラー番組を全て降板させてもらって東京に来たときは、36歳で無一文の仕事なし。

自分の武器はなんだろうと考えたときに、私が唯一他人よりも秀でていると自信を持って言えたのが、片づけでした。

収納芸人としてテレビ番組のプロデューサーや出版社の編集部の方からのリクエストに四苦八苦しながら応じているうちに片づけに関する知識もつき、今では片づけに関することなら10時間以上喋ることができます。

現在はメディア出演、セミナーや講演、本の出版のお話など、大阪で活動していた頃からは想像がつかないぐらい仕事のご依頼をいただけるようになりました。

やっぱり片づけにはポジティブな効果しかないんですね。

本書を手にとってくれた皆様にも、片づけのポジティブな効果を少しでも実感してもらえれば幸いです。

そしていつの日か〝収育〟が当たり前の世の中になるよう精進してまいります。

小島弘章

著者略歴

(一社)日本収納検定協会 代表理事

小島弘章 (こじま・ひろあき)

1972 年 11 月 13 日生まれ。岡山県玉野市出身。片づけ・収納・住まいに関する確かな知識と実績を持つプロフェッショナルでありながら、松竹芸能で 25 年の芸歴を積んだ、主婦層に圧倒的な支持を受ける男性ライフスタイル系タレントのパイオニア。整理収納に"笑い"を取り入れたセミナーが話題となり、年間講演依頼数は 200 本以上。著書・監修本は累計 40 万部を超える。2014 年 12 月に収納と育児・教育・育成を組み合わせた"収育"を理念として掲げた、一般社団法人日本収納検定協会を設立。2015 年 10 月から"お片づけを楽しむ検定"「収検（収納検定)」をスタートさせる。そのほか収納家具の開発やマンションの収納監修など、日本や中国を中心に幅広く活躍。

ホームページ
https://shu-ken.or.jp/

本文・カバーデザイン	森田 直・積田野麦 (フロッグキングスタジオ)
撮影	河田浩明
構成	廣田俊介
作業協力	大野里美、伊藤寛子、臼井由美 (ケイスタイル株式会社)
ヘアスタイリスト	長戸寛典 (メンズグルーミングサロン)
協力	大建工業株式会社 株式会社エアトランク 株式会社カインズ 株式会社バッファロー 株式会社 PFU ブラザー工業株式会社 株式会社宮成製作所 株式会社吉川国工業所

子《こ》どもの頭《あたま》が良《よ》くなる お片《かた》づけ

2019年4月30日　初版第１刷発行

著者　小島弘章《こじまひろあき》

発行者　塚原浩和

発行所　KKベストセラーズ
〒171-0021 東京都豊島区西池袋5-26-19
陸王西池袋ビル４階
電話 03-5926-5322（営業）
03-5926-6262（編集）
http://www.kk-bestsellers.com/

印刷所　錦明印刷

製本所　積信堂

DTP　三協美術

ISBN 978-4-584-13901-1 C0037